Véronique Lefebvre

Tout mon préscolaire

Enfin tout pour se préparer et réussir !

CAR ACT ÈRE

Conception de la couverture : Bruno Paradis, d'après un concept de Cyclone Design
Illustration de la couverture : EyeWire Images
Conception graphique : Folio Infographie
Illustrations : Daniel Rainville, Agathe Bray-Bourret et Julien Del Busso
Mise en pages : Infoscan Collette
Révision : Suzanne Alix
Correction d'épreuves : Audrey Faille

Imprimé au Canada

ISBN 978-2-89642-306-4
Dépôt légal – Bibliothèque et Archives nationales du Québec, 2010

Nous reconnaissons l'aide financière du gouvernement du Canada par l'entremise du Fonds du livre du Canada pour nos activités d'édition.

Canadä

Visitez le site des Éditions Caractère
editionscaractere.com

Table des matières

Mot aux parents   5

Prélecture – Préécriture   7

Notions mathématiques   107

Les animaux   205

Les métiers   221

Santé et sécurité   237

Les émotions   259

Les saisons

    L'automne   275

    L'hiver   291

    Le printemps   307

    L'été   319

La famille   331

Test final   349

Le corrigé   369

Mot aux parents

Le préscolaire, bien qu'il ne soit pas obligatoire, intéresse de plus en plus les parents. Certains y voient une alternative à la garderie, d'autres un lieu d'éducation plus encadré. Quoi qu'il en soit, c'est un lieu de développement différent de la maison.

Depuis son tout jeune âge, votre enfant joue et, à travers cette activité, développe toutes sortes d'habiletés. Il apprend entre autres choses à s'exprimer, à respecter des règles, à créer, il découvre des concepts et développe son imagination. Le jeu occupe donc une place privilégiée dans la vie des enfants.

Il n'existe pas de programme d'éducation pour le préscolaire. Par contre, c'est le moment idéal pour acquérir et consolider des habitudes de prélecture, de préécriture et des notions de mathématiques. Par exemple, le jeu de la loupe imaginaire, que vous verrez dans ce cahier, sert à travailler la discrimination visuelle, essentielle à l'apprentissage de la lecture. L'enfant doit apprendre à porter son attention sur un détail particulier plutôt que de voir l'ensemble de la situation, c'est ce qu'on appelle la *discrimination visuelle*. Lorsqu'il débutera en tant que lecteur, il regardera d'abord les lettres individuellement, puis un petit ensemble de lettres qui forment un son et finalement des sons assemblés qui forment un mot. Ce n'est que beaucoup plus tard qu'il pourra lire rapidement un paragraphe entier. La notion de discrimination visuelle est donc primordiale. Les différents jeux qui touchent aux concepts de direction, malgré leur air anodin, sont également très importants pour travailler des notions de base de l'écriture. «Devant» et «derrière», par exemple, sont des termes que l'enfant connaît à la verticale par rapport à lui-même (devant lui ou derrière lui). Sur une feuille horizontale, ces concepts sont moins évidents. Ce qui est devant peut devenir le recto de la feuille et ce qui est derrière, le verso. Lorsque l'on écrit la lettre *d*, on trace une ligne verticale et on met une boule derrière cette même ligne. L'arrière se situe par rapport à la ligne et non par rapport à la feuille. «Derrière» est associé à gauche et «devant», à droite. On écrit toujours de gauche à droite, ce qui semble évident pour l'adulte, mais non pour le jeune apprenti. Les notions de avant et après sont également confuses pour l'enfant, puisqu'elles concernent la notion de temps (avant le dodo, après la collation). Alors qu'en écriture, ces notions sont relatives à l'espace (avant la lettre *a*, après la lettre *b*). Tous ces petits détails doivent être compris avant de se lancer dans le grand défi que représente l'apprentissage de la lecture.

À l'aide de ce cahier d'exercices, par l'entremise de jeux, votre enfant retirera de ses expériences le plaisir de découvrir et la fierté de comprendre. Nous espérons que vous passerez ensemble du temps de qualité, assurez-vous d'être toujours présent lorsqu'il faut utiliser des ciseaux. Encouragez-le et félicitez-le pour ses efforts.

Véronique Lefebvre

Prélecture
Préécriture

Mot aux parents

La lecture et l'écriture ne sont pas des objectifs à atteindre au préscolaire. Par contre, des habitudes de préécriture et de prélecture sont à la portée des jeunes enfants.

Nous insisterons donc, dans ce premier chapitre, sur le nom et la forme des lettres, sur le son qu'elles produisent, sur le sens de la lecture et de l'écriture qui se fait de gauche à droite et sur la motricité fine. La mémorisation de l'alphabet n'est pas nécessaire à cette étape. Nous voulons tout simplement donner à l'enfant l'occasion de voir, si ce n'est déjà fait, l'alphabet au complet. D'ailleurs, en maternelle, les enseignants choisissent quelques lettres qu'ils travailleront avec l'enfant, mais ils ne verront pas systématiquement tout l'alphabet.

Vous pouvez faire quotidiennement la lecture à votre enfant. Quelques minutes suffisent ! Prenez-le sur vous afin qu'il voit les images et qu'il puisse voir vos doigts se promener dans le texte. Vous pouvez discuter ensemble pour vérifier sa compréhension et ses prédictions. Le jeu des mains qui comptent les syllabes, que vous ferez dans ce cahier, favorise la prise de conscience des syllabes qui forment les mots, ce qui améliore les compétences à l'oral et prépare l'accès à l'écrit. Une syllabe est un groupe de sons que l'on prononce dans un seul souffle. Elle est composée d'une voyelle seule ou d'une voyelle accompagnée d'une ou de plusieurs consonnes. À l'école, l'enfant apprendra d'abord les lettres, puis les sons de celles-ci, et les assemblera pour former des sons (syllabes). Il apprendra à lire les mots inconnus de la même manière, soit en découpant le mot en syllabes afin de comprendre les différentes parties et de les assembler pour reformer le mot qui aura une signification pour lui. La notion de syllabe a une portée beaucoup plus grande que l'explication donnée précédemment. Par exemple, en découpant le mot en syllabes, nous pouvons savoir où couper un mot et mettre le trait d'union au bout de la ligne avant de passer à la ligne suivante. Nous pouvons également nous renseigner sur les racines linguistiques d'un mot, en modifier le sens en ajoutant un suffixe ou un préfixe, comprendre un mot inconnu en reconnaissant une partie de celui-ci (exemple : *en-terre-r* signifie «mettre en terre»). Nous pourrions nous étendre sur le sujet encore longtemps, mais ces notions ne serviront pas tout de suite à votre jeune enfant.

Faites-lui tout bonnement remarquer que l'écriture est partout : sur les cahiers publicitaires, les lettres, les listes d'épicerie, les panneaux publicitaires, les manuels d'instructions des jeux…

Le simple fait de reconnaître des symboles écrits le remplira de confiance pour entreprendre, plus tard, l'apprentissage de la lecture.

Les directions

Des chiens regardent la niche et d'autres regardent ailleurs.
Trouve ceux qui regardent en direction de la niche
et trace une ligne vers celle-ci pour les y conduire.

*Attention !
Seulement deux chiens
regardent dans la bonne
direction.*

9

Faire des prévisions

Aujourd'hui, papa est allé à la boîte aux lettres.
Il y avait beaucoup de courrier. Papa était content, car il aime recevoir des lettres. Il les a toutes prises et est rentré vite à la maison.

À ton avis, qu'a fait papa en entrant à la maison ?
Encercle l'image qui représente ton idée.

10

La reconnaissance visuelle

Observe ces deux images. Peux-tu trouver quatre différences ?

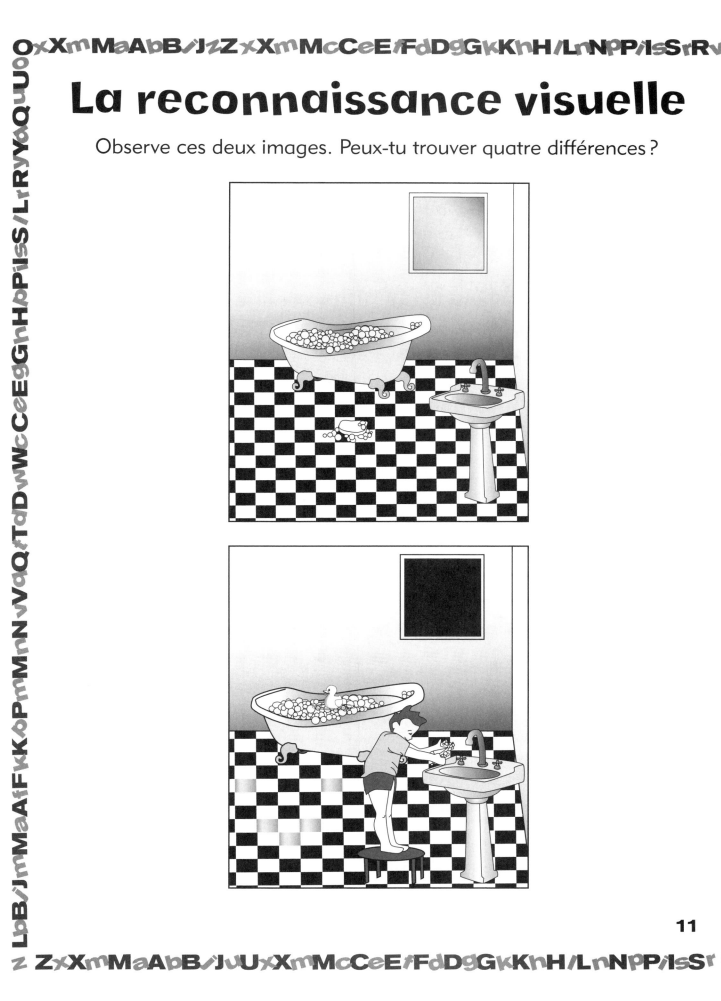

OXMAABJZXMMCCEFDGGKHLNPISRV

La lettre M

Colorie les objets dont le nom contient le son « m ».

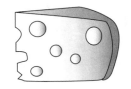

12

ZXXMAABJUXMMCCEFDGGKHLNPISRB

La reconnaissance des lettres

Regarde la première lettre de chaque rangée.
Trouve la lettre différente dans chacune des rangées
et fais un ✗ dessus.

A   A   A   B   A

B   B   B   B   D

C   O   C   C   C

D   D   B   D   D

E   E   E   F   E

13

La lecture

Tu peux lire ! Eh oui ! Demande à l'un de tes parents de lire l'histoire.
Suivez ensemble les mots avec vos doigts et devine
les mots représentés par des images.

Il était une fois une petite  qui se

promenait dans la forêt. Soudain, elle vit un .

Le pauvre semblait mourir de faim. La  sortit

un morceau de de son sac et le lui offrit.

Le était très content. Il retourna vite

rejoindre sa famille. La  courut jusqu'à

sa  raconter son aventure à ses parents.

14

Tracer des lignes

Dorothée n'a pas eu le temps de terminer ses dessins.
Aide-la en traçant les lignes pointillées pour elle.

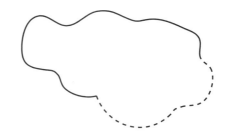

Reconnaître la lettre A

Aide Marguerite la vache à se rendre à son étable
en passant seulement par les lettres A.

A	A	C	D
C	A	D	E
E	A	A	C
B	D	A	A

Écrire une lettre

Tu invites tes amis à prendre une collation chez toi.
Écris-leur une lettre en découpant les images
et en les collant aux endroits appropriés.

Chers amis,

Je vous invite à prendre la collation dans ma _____.

Nous allons manger de la _____ et du _____.

J'ai hâte de vous _____.

De moi

✂ -

Les rimes

Encercle les mots qui riment avec « moi ».

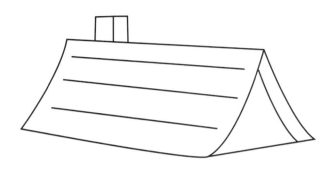

Les syllabes

Prononce les mots suivants.
Tape dans tes mains pour séparer le mot en syllabes.
Colorie ensuite autant de mains qu'il y a de syllabes.

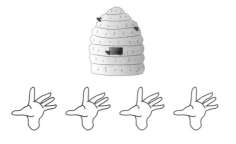

*Par exemple,
pour le mot « ba-teau »
tu taperas deux fois
dans tes mains.*

La compréhension d'un texte

Ajoute à la scène les personnages de l'histoire
en les découpant et en les collant.

Aujourd'hui, Julie et son petit frère se sont amusés à attraper
une grenouille au bord du lac. Pauvre Julie, elle est tombée à l'eau.
Son petit frère a bien rien la voyant toute trempée.

Les indices

Laurie-Anne a perdu son chapeau. Aide-la à le retrouver
en biffant les trois chapeaux qui ne lui appartiennent pas.
Puis, dessine le bon chapeau sur sa tête.

Le chapeau de Laurie-Anne a de larges rebords.
Elle aime les chapeaux à fleurs.
Son chapeau a des pois blancs.

L'alphabet

Voici les lettres A majuscule et a minuscule.
Trace-les avec ton doigt, puis avec un crayon.
Ensuite, suis le trajet de l'abeille avec un crayon bleu.

L'alphabet

Voici les lettres *B* majuscule et *b* minuscule.
Trace-les avec ton doigt, puis avec un crayon.

Bb

Bb

Bb

Savais-tu qu'un bébé passe neuf mois dans le ventre de sa maman avant de naître ?

23

L'alphabet

Voici les lettres C majuscule et c minuscule.
Trace-les avec ton doigt, puis avec un crayon.

Cc

Cc

Cc

Demande à tes parents de te raconter l'histoire des trois petits cochons.

L'alphabet

Voici les lettres *D* majuscule et *d* minuscule.
Trace-les avec ton doigt, puis avec un crayon.
Ensuite, amuse-toi à colorier le dinosaure en vert.

Dd

Dd

Dd

L'alphabet

Voici les lettres *E* majuscule et *e* minuscule.
Trace-les avec ton doigt, puis amuse-toi à colorier la page
et ajoute, si tu le veux, le dessin d'un objet ou d'un animal
dont le nom commence par cette lettre.

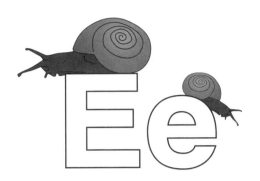

Ee

Ee

L'alphabet

Voici les lettres *F* majuscule et *f* minuscule.
Trace-les avec ton doigt, puis amuse-toi à colorier la page.
Ajoute, si tu le veux, une image découpée dans un dépliant
publicitaire d'un objet ou d'un animal dont le nom commence
par cette lettre.

27

Les lettres pareilles

Relie les lettres pareilles par un trait.

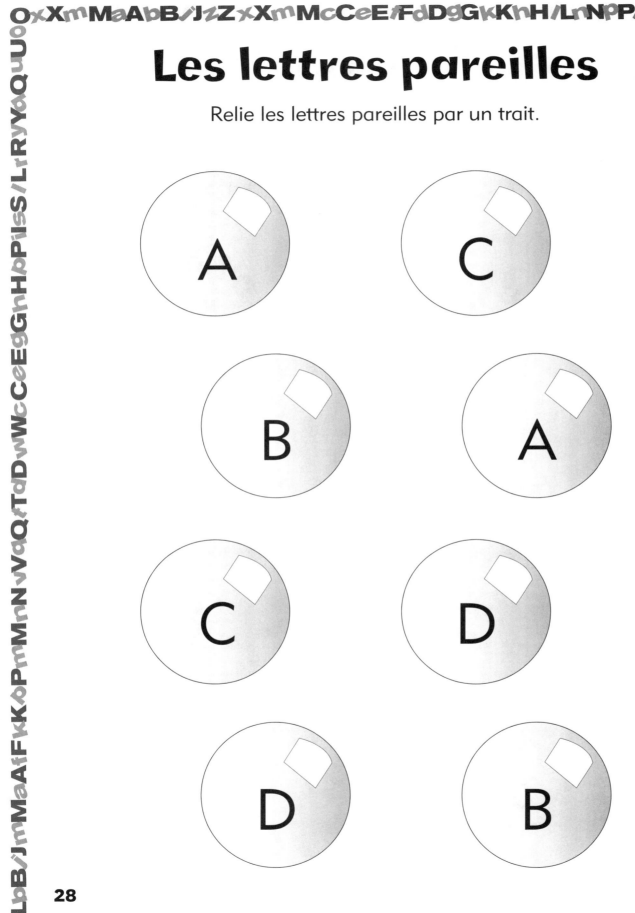

Les lettres pareilles

Relie les lettres pareilles par un trait.

F   E   D   C

Les contraires

Les animaux doivent se placer en équipe de deux
pour la course rigolote. Ils doivent avoir des caractéristiques
contraires (par exemple, un animal lent avec un rapide).
Attache-les ensemble avec une corde.

Grand

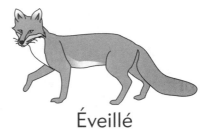

Éveillé

Fort

Petit

Endormi

Faible

Rapide

Lent

30

La motricité fine

C'est l'heure de la collation.
Aide Véronique à se rendre au centre du labyrinthe
pour prendre son fruit. Cherche d'abord le chemin
avec ton doigt, puis trace-le pour elle.

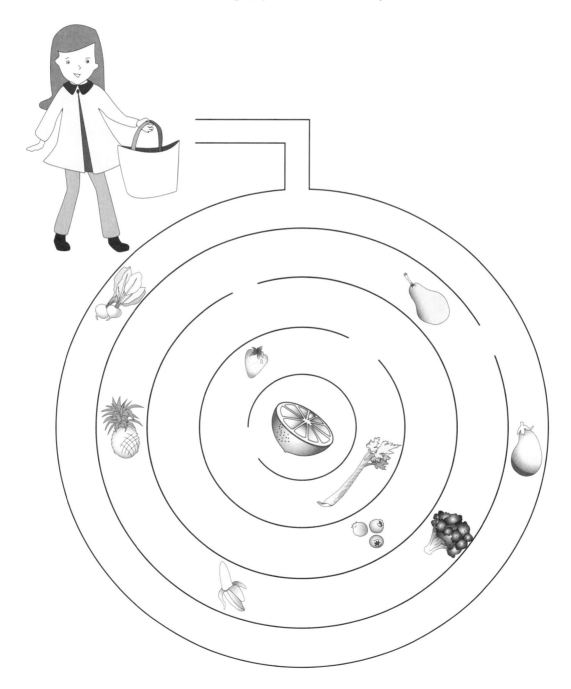

31

Une comptine

Michaud est monté dans un grand pommier (bis)

La branche s'est cassée

Michaud est tombé

Ah ! relève, relève, relève

Ah ! relève, relève Michaud

Dessine Michaud au bon endroit sur l'image.

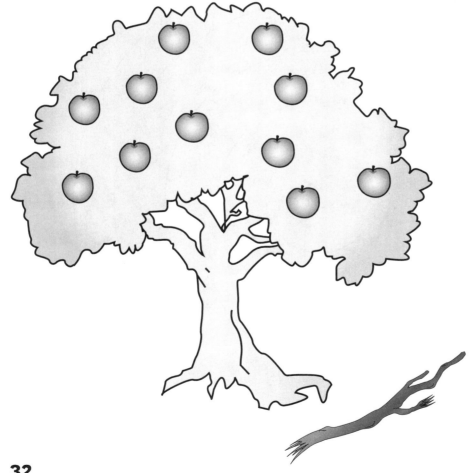

La reconnaissance visuelle

Observe ces deux images.
Peux-tu trouver quatre différences ?

La lecture

C'est l'heure du conte.
Suivez, ton père ou ta mère et toi-même,
les mots avec vos doigts et devine les mots
représentés par les images.

Bibi est une petite . Elle travaille fort

à la . Après avoir recueilli du pollen des

toute la journée, elle se rend compte qu'il est

 de rentrer. Après un bon bol de miel,

Bibi va au . Elle le mérite bien.

Après tout, elle a travaillé fort comme une

vraie petite .

34

Reconnaître la lettre O

Frisson l'ours cherche de la compagnie.
Passe par les lettres O pour lui montrer le chemin qui se rend à l'igloo.

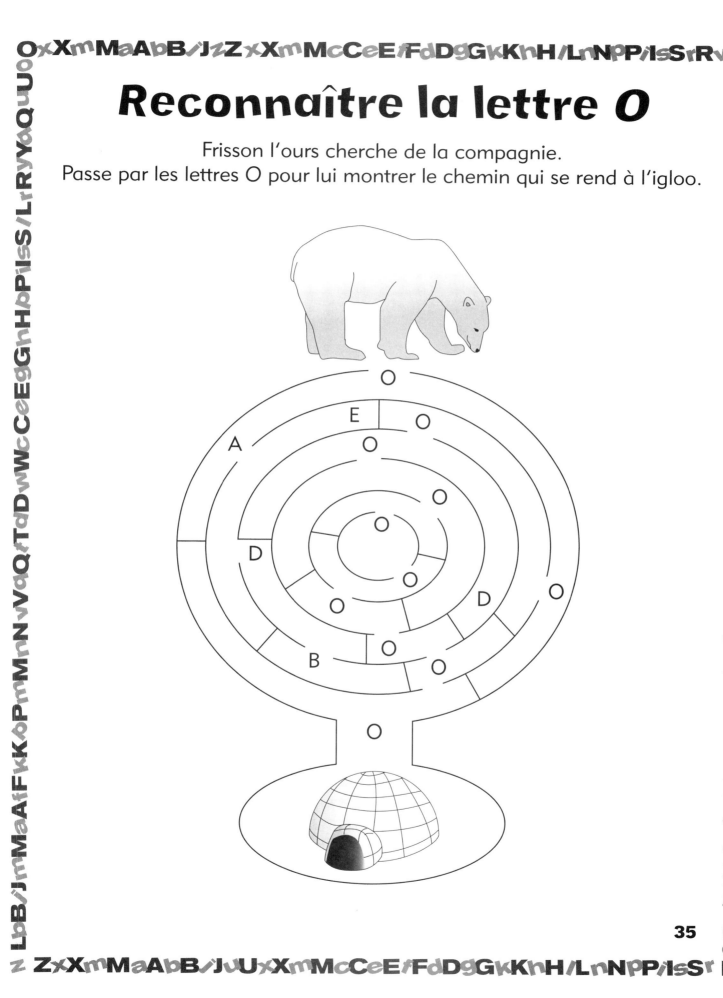

La discrimination visuelle

Aide l'inspecteur Colombus à retrouver les lettres *A, B, C, D, E*
qui sont cachées dans le dessin. Utilise ta loupe imaginaire
et fais un ✗ sur les lettres.

*Fais semblant de tenir
une loupe dans ta main
et regarde très attentivement
le dessin.*

L'ordre chronologique

Replace ces illustrations dans l'ordre en inscrivant le numéro correspondant de 1 à 4 sous chaque image.

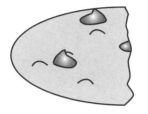

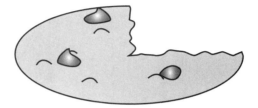

_____

_____

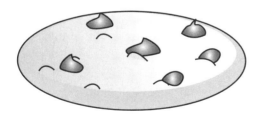

_____

_____

L'alphabet

Relie les lettres dans l'ordre pour compléter le dessin.

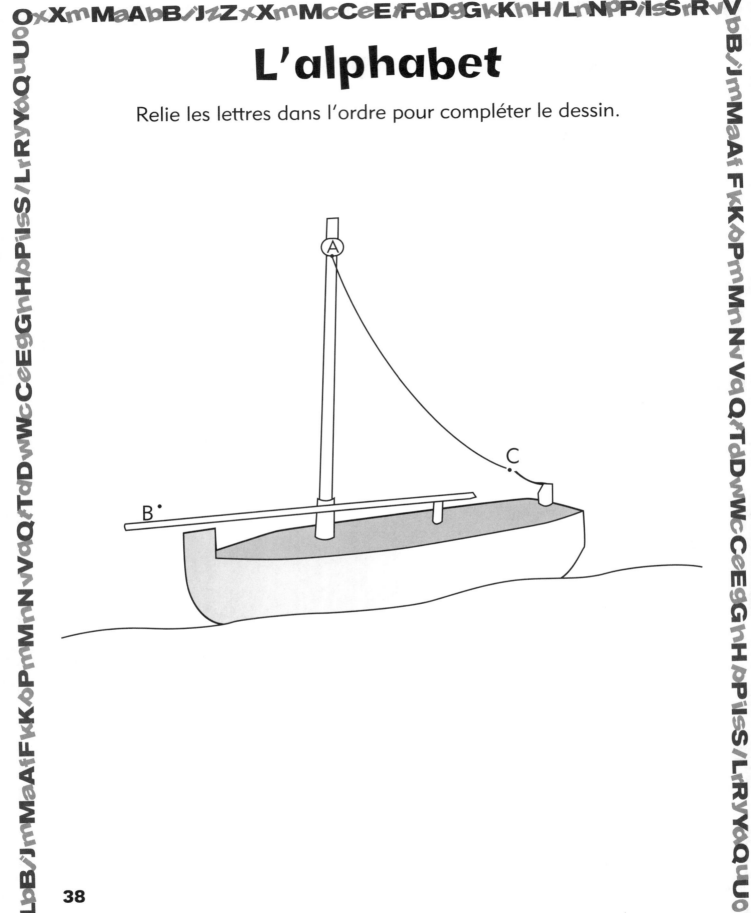

La lettre *R*

Le chat ronronne. Il aime d'ailleurs tout ce qui fait le son « r ».

Colorie les objets dont le nom contient le son « r ».
Ce sont ceux qu'il préfère.

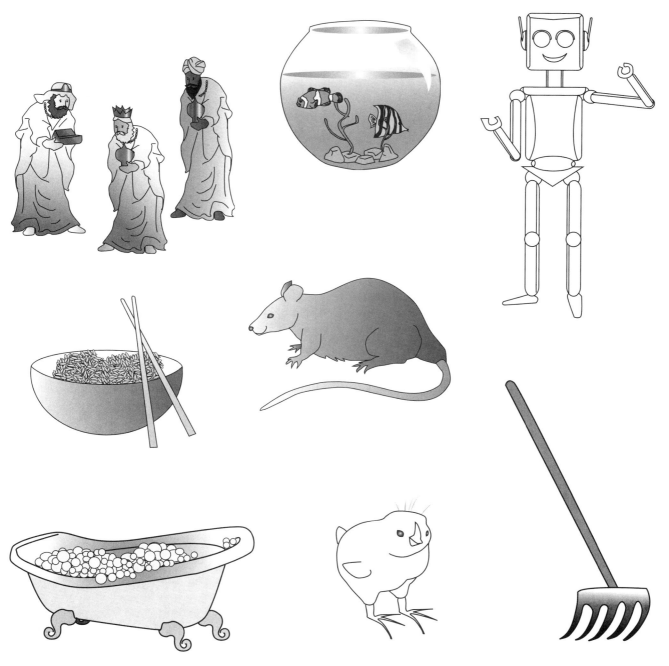

39

Faire des prévisions

À l'heure de la collation, Pipo le clown avait très soif.
Il a ouvert le réfrigérateur et a pris le pichet de jus d'orange.
En retournant à la table pour se servir un verre, il est tombé
et a renversé le jus par terre. Que crois-tu qui se passera ensuite ?

Encercle l'image qui représente ton idée.

Les rimes

Encercle les mots qui riment avec « Léo ».

Tracer des lignes

L'imprimante a manqué d'encre pour imprimer ce dessin.
Aide-moi en complétant les lignes en pointillées.

Les syllabes

Prononce les mots suivants.
Tape dans tes mains pour séparer le mot en syllabes.
Colorie ensuite autant de mains qu'il y a de syllabes.

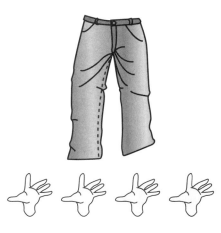

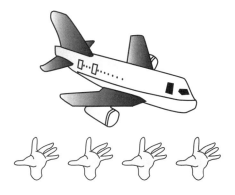

L'alphabet

Voici les lettres G majuscule et g minuscule.
Trace-les avec ton doigt, puis avec un crayon.
Amuse-toi à colorier des bananes pour le gorille.

G g

Gg

Gg

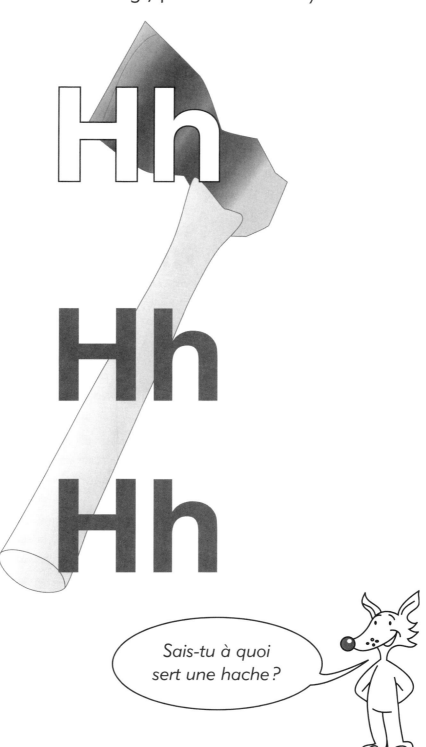

L'alphabet

Voici les lettres *H* majuscule et *h* minuscule.
Trace-les avec ton doigt, puis avec un crayon.

Sais-tu à quoi sert une hache ?

L'alphabet

Voici les lettres *I* majuscule et *i* minuscule.
Trace-les avec ton doigt, puis avec un crayon.
Si tu le veux, découpe dans un cahier publicitaire des images
d'objets ou d'animaux dont le nom contient un *i*,
et colle-les sur cette page.

46

L'alphabet

Voici les lettres *J* majuscule et *j* minuscule.
Trace-les avec ton doigt, puis avec un crayon.
Colorie ensuite le pot de peinture en jaune.

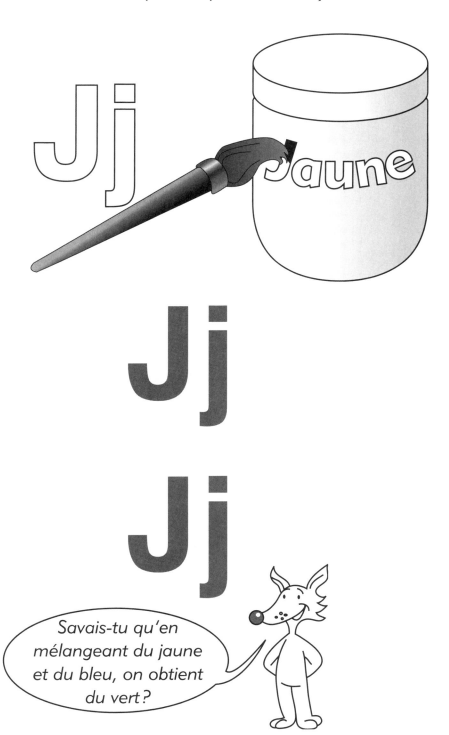

Savais-tu qu'en mélangeant du jaune et du bleu, on obtient du vert?

47

L'alphabet

Voici les lettres *K* majuscule et *k* minuscule.
Trace-les avec ton doigt, puis avec un crayon.
Dessine un bébé kangourou.

Kk

L'alphabet

Voici les lettres *L* majuscule et *l* minuscule.
Trace-les avec ton doigt, puis avec un crayon.
Dessine d'autres objets ou animaux que tu connais
dont le nom commence par cette lettre.

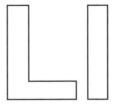

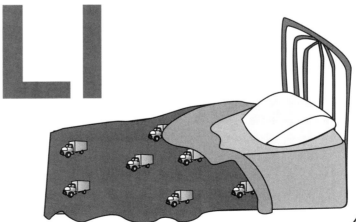

49

Les lettres pareilles

Relie les lettres pareilles par un trait.

50

Les lettres pareilles

Relie les lettres pareilles par un trait.

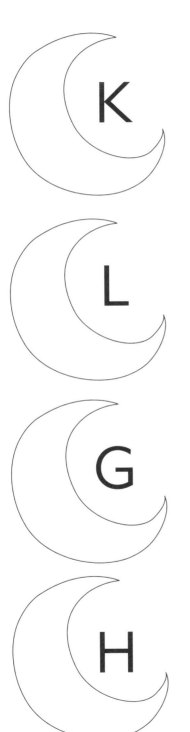

Le salon de coiffure

Amuse-toi à mettre de la couleur brune sur les bouclettes de Lili.

52

Le salon de coiffure

Amuse-toi à mettre de la couleur jaune sur les cheveux de Christophe.

53

OXMAABJZXXMCCEFDGKHLNPISRV

Les indices

Fanny veut son ballon pour aller au parc.
Aide-la à le retrouver en biffant ceux qui ne sont pas à elle.
Puis, dessine le bon ballon dans ses mains.

Le ballon de Fanny est rond.
Elle n'aime pas les ballons unis.
Son ballon a deux couleurs.

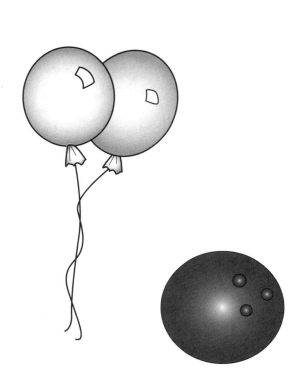

ZXMAABBJUXXMCCEFDDGKHLNPISB

La reconnaissance
des lettres

Regarde la première lettre de chaque rangée.
Trouve la lettre différente dans chacune des rangées
et fais un **X** dessus.

F   E   F   F   F

G   G   C   G   G

H   H   H   M   H

I   I   I   I   L

J   J   E   J   J

La compréhension d'un texte

Ajoute à la scène les éléments de l'histoire
en les découpant et en les collant.

C'est l'automne et les animaux de la forêt font des provisions
pour l'hiver. L'écureuil a ramassé des noisettes. Les lapins ont trouvé
des carottes dans un potager et ils les mangent. Finalement,
l'ours est très occupé à retirer le miel de la ruche qu'il a rapportée.
Seule la fourmi a les mains vides. La pauvre n'a rien trouvé
à se mettre sous la dent.

✂ -

Les couleurs

Sam le chien vient d'avoir sa nouvelle niche.
Fais-lui une surprise en y ajoutant un peu de couleur.
Colorie le toit en brun, le devant en bleu et le côté en jaune.

WOUF !

Écris une lettre

Pour dire à tes parents que tu les aimes, tu peux écrire un petit mot. Découpe les images au bas de la page et colle-les pour compléter ton message d'amour.

Chers ⬜ ,

Je suis ⬜ d'être avec vous.

J'aime lorsqu'on ⬜ ensemble.

Je vous donne un gros ⬜ .

Votre enfant

Les contraires

Dorothée et Laurie-Anne se disputent aujourd'hui.
Elles disent toujours le contraire l'une de l'autre.
Écoute ce que Dorothée dit et devine ce que dira Laurie-Anne.
Relie les contraires par un trait.

Dorothée

Laurie-Anne

jour

bas

triste

froid

chaud

heureux

haut

nuit

OXmMAABJiZZxXmMCCeEFdDGGKHILNPIsSR'V

L'alphabet

Relie les lettres dans l'ordre pour compléter le dessin.

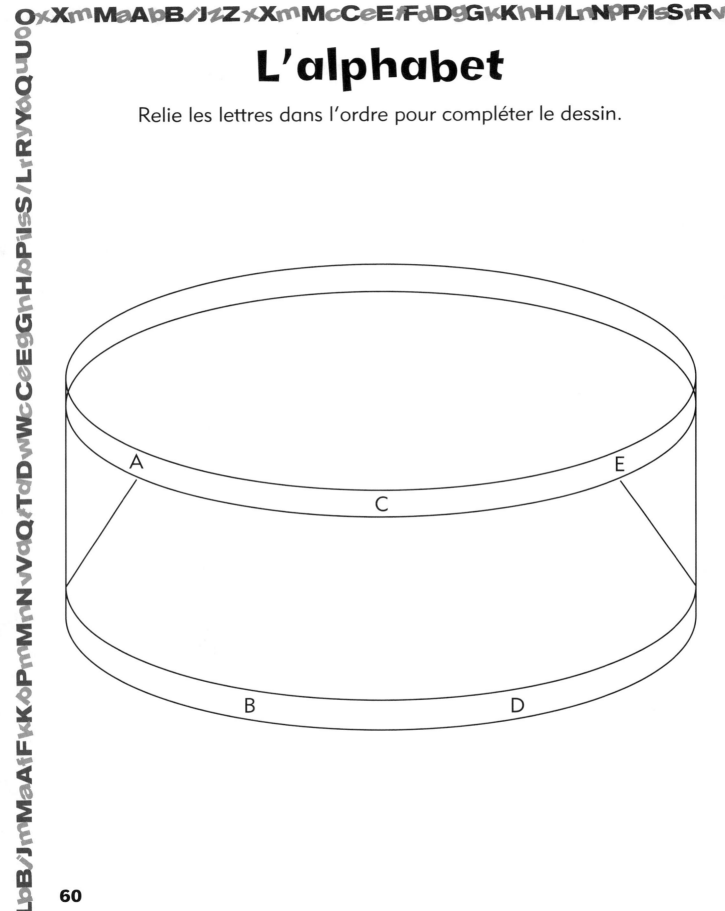

ZxXmMAABJiUXxMCCeEFdDGGKHILNPPIsSr B

La motricité fine

Essaie de trouver le chemin pour te rendre au centre de ce labyrinthe.

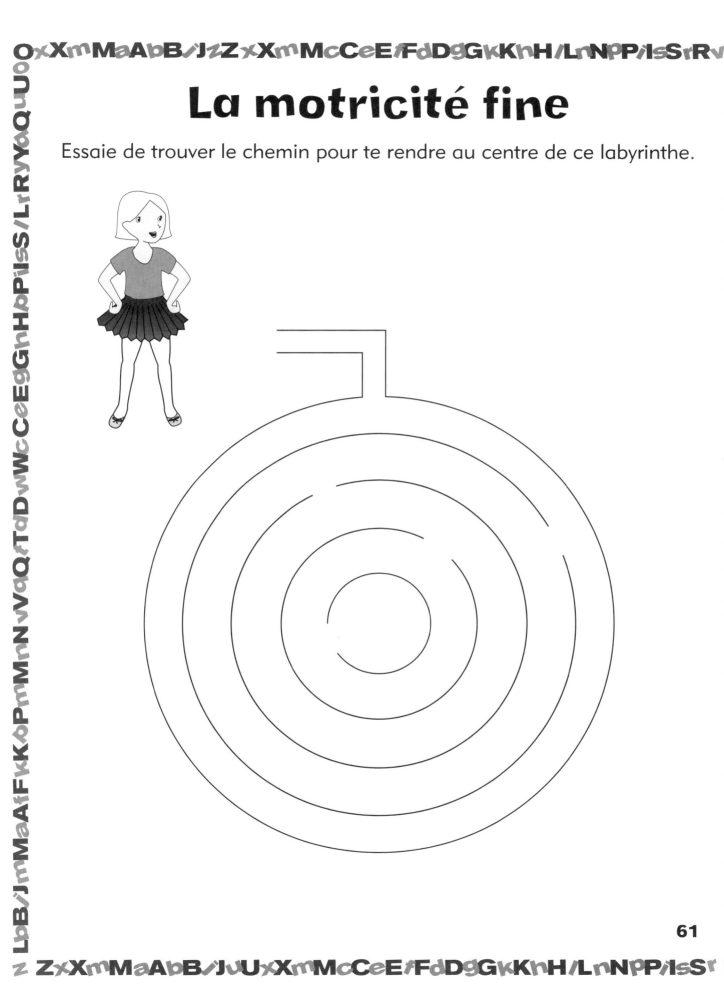

L'ordre chronologique

Replace ces images dans le bon ordre en inscrivant le numéro correspondant de 1 à 4 sous chaque image.

_____

_____

_____

_____

La discrimination visuelle

Les élèves ont caché des lettres de carton dans la classe.
Sors ta loupe imaginaire et trouve les lettres *A, B, C, D, E*.
Donne-les à l'enseignante en les reliant à ses mains à l'aide d'un trait.
Merci de ton aide.

Les directions

Le fermier a mis du foin dans la grange. À l'aide d'un trait,
relie les vaches qui s'en vont dans la bonne direction
pour aller manger.

Attention !
Relie seulement les vaches
qui regardent en direction
de la grange.

Une comptine

Cherche les lettres *a* et *i*.
Lorsque tu les auras trouvées, colorie-les en jaune.

Jamais on a vu u u

Jamais on verra a a a

La queue d'une souris i i

Dans l'oreille d'un chat a a

L'alphabet

Voici les lettres M majuscule et *m* minuscule.
Trace-les avec ton doigt, puis avec un crayon.

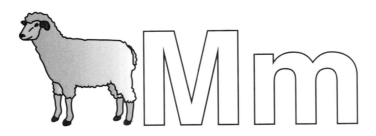

Mm

Mm

Savais-tu qu'en utilisant la laine des moutons, on peut faire des chandails, des couvertures et des foulards?

L'alphabet

Voici les lettres *N* majuscule et *n* minuscule.
Trace-les avec ton doigt, puis avec un crayon.
Amuse-toi à dessiner des oisillons dans le nid.

L'alphabet

Voici les lettres O majuscule et o minuscule.
Trace-les avec ton doigt, puis avec un crayon.
Si tu le veux, découpe des images d'autres objets ou animaux
dont le nom contient le son « o », et colle-les sur la page.

O o

O o

L'alphabet

Voici les lettres *P* majuscule et *p* minuscule.
Trace-les avec ton doigt, puis avec un crayon. Colorie ensuite
les cheveux du papa de la même couleur que ceux de ton papa.

Pp

Pp

L'alphabet

Voici les lettres Q majuscule et q minuscule.
Trace-les avec ton doigt, puis avec un crayon.

Qq

Qq

L'alphabet

Voici les lettres *R* majuscule et *r* minuscule.
Trace-les avec ton doigt, puis avec un crayon.

Rr

Rr

*Sais-tu
qui produit le miel?*

Les lettres pareilles

Relie les lettres pareilles par un trait.

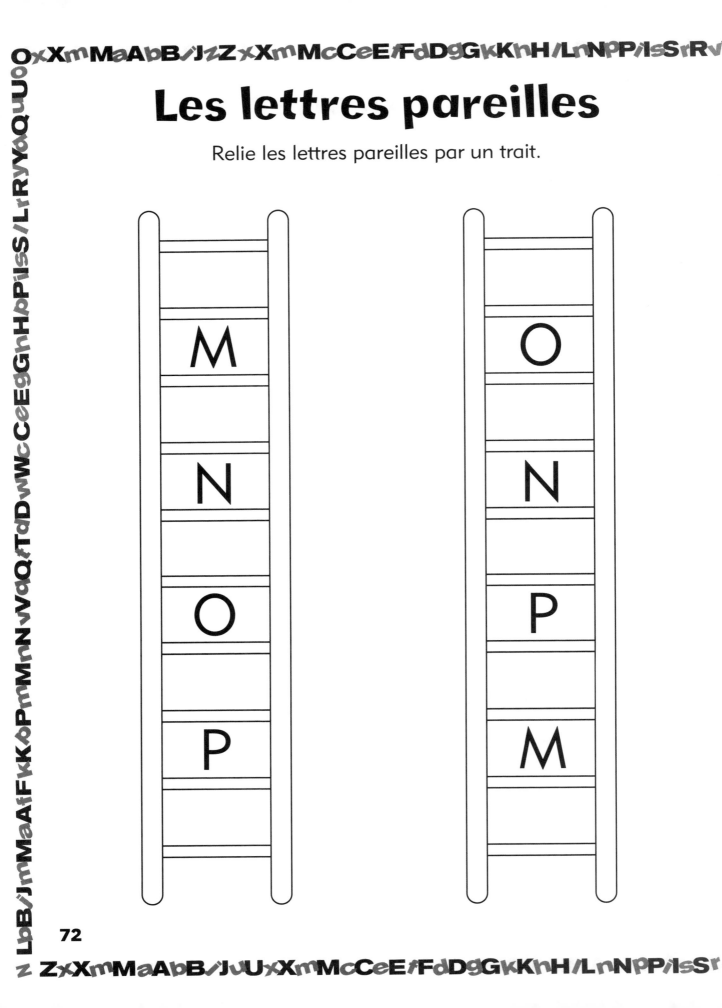

72

Les lettres pareilles

Relie les lettres pareilles par un trait.

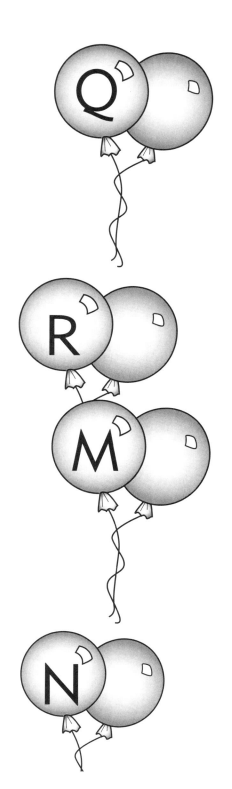

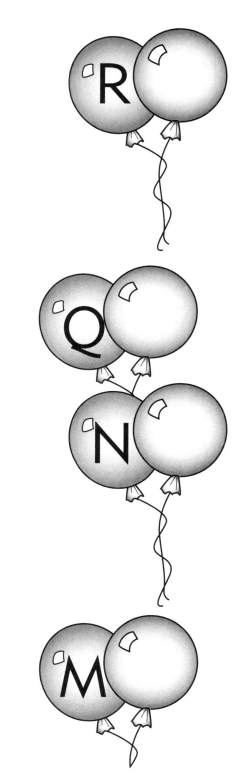

La motricité fine

Les jeunes de l'équipe de soccer sont à l'entraînement.
Toto, le petit chien, arrive en courant et pousse les ballons
pour s'amuser. Trace le chemin qu'ont pris les ballons
pour aider les enfants à les retrouver.

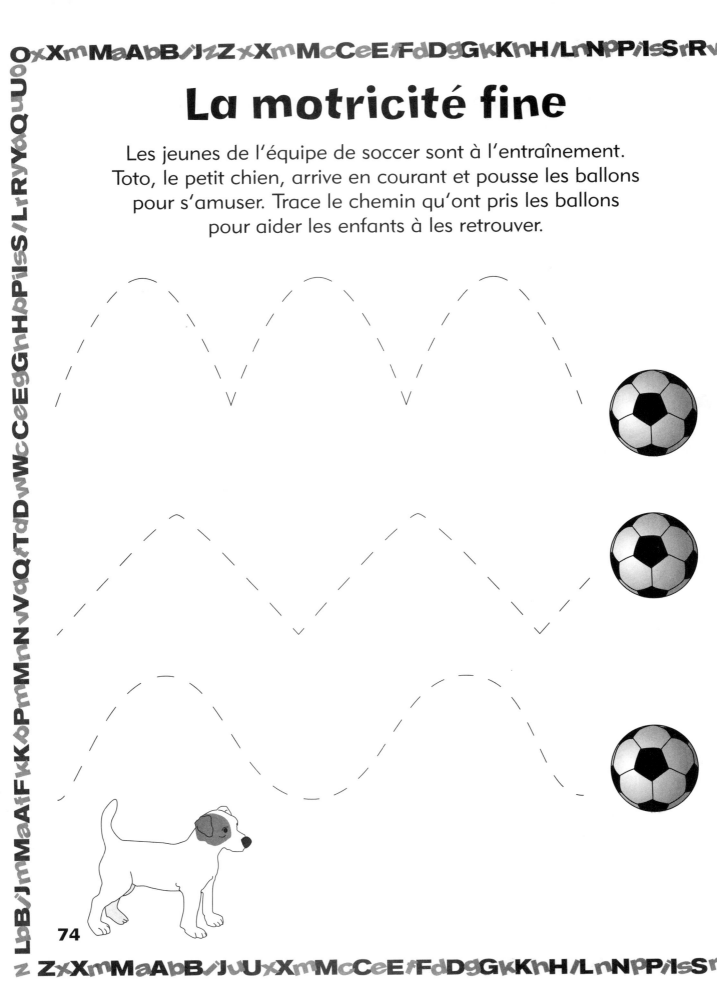

74

La motricité fine

1, 2, 3, partez !
Suis le trajet avec ton crayon et encercle le coureur gagnant.

Coureur 1 — — — — — — — — — — —

Coureur 2 — — — — — — — — — — —

Coureur 3 — — — — — — — — — —

L'alphabet

Relie les lettres dans l'ordre pour compléter le dessin.

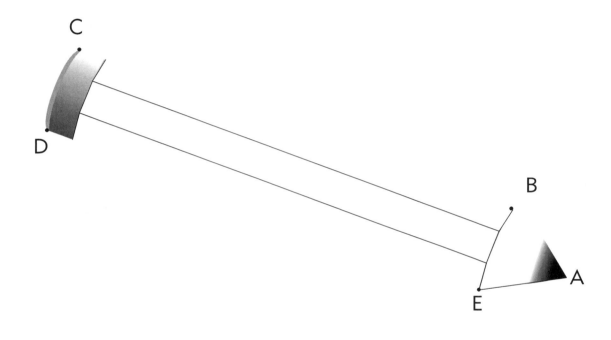

Les couleurs

Dame Nature ne trouve pas ses pinceaux pour ajouter
de la couleur à l'arc-en-ciel. Aide-la en suivant ses instructions.

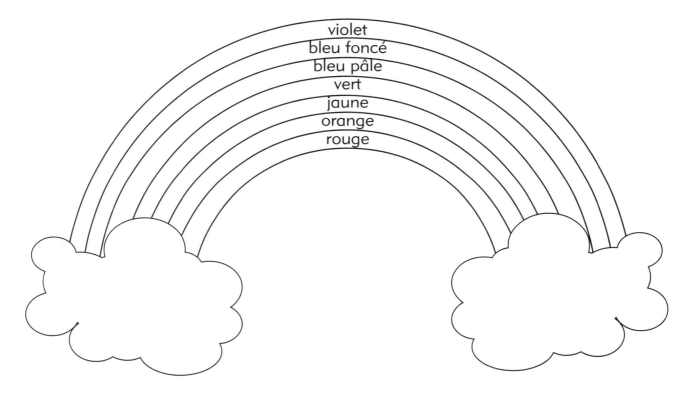

violet
bleu foncé
bleu pâle
vert
jaune
orange
rouge

Suivre des instructions

Bill le bricoleur doit terminer de construire la maison
de Mme Potager. Il ne lui reste plus beaucoup de temps.
Suis ses instructions et aide-le.

On doit ajouter une porte au centre de la maison.

Il y a une fenêtre de chaque côté de la porte, une grande
et une petite.

Des fleurs décorent le devant de la maison.

Mme Potager a une voiture bleue stationnée sur le côté
de la maison.

Peins-la de la couleur de ton choix. Elle aime les surprises.

Merci de ton aide.

Bill

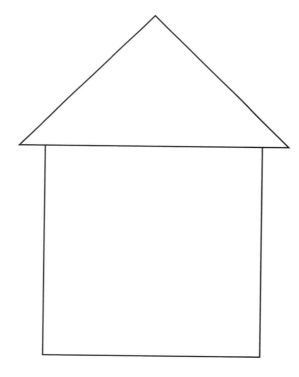

Les lettres

Adam a emballé les cadeaux, mais il ne se souvient plus
de leur contenu. Regarde la lettre sur l'étiquette et dessines-y
un objet ou un animal dont le nom commence par cette lettre.

Les rimes

Lis le poème et encercle les mots qui riment.

J'ai trouvé dans un **trou**

Un tas de petits   – cailloux

        – insectes

J'ai essuyé la **terre**

Pour les offrir à ma   – sœur

        – mère

Ma mère est **enrhumée**

C'est pour cela qu'elle est   – couchée

        – contente

Mon chien a agité sa **queue**

Elle a ri et elle va   – partir

        – mieux

L'ordre

Colorie une lettre dans chaque mot en suivant la consigne.

Colorie la première lettre en bleu.

Colorie l'avant-dernière lettre en vert.

Colorie la troisième lettre en rouge.

Colorie la dernière lettre en jaune.

Colorie la deuxième lettre en brun.

Un ou une ?

Colorie en rose les images où tu peux dire « une » et en bleu
les images où tu peux dire « un ».

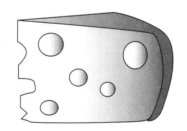

Une comptine

Relie les mots aux animaux à l'aide d'un trait.

Il y avait des crocodiles

Et des orangs-outangs

Des affreux reptiles

Et des jolis moutons blancs

Il y avait des chats

Des rats

Des éléphants

Il ne manquait personne

Même deux lionnes

Et la jolie licorne.

L'alphabet

Voici les lettres S majuscule et s minuscule.
Trace-les avec ton doigt, puis avec un crayon.
Amuse-toi à colorier la page et ajoute, si tu le veux, le dessin
d'un objet ou d'un animal dont le nom commence par cette lettre.

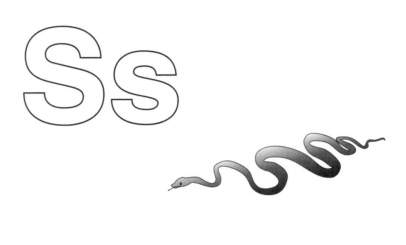

Ss

Ss

L'alphabet

Voici les lettres *T* majuscule et *t* minuscule.
Trace-les avec ton doigt, puis avec un crayon.
Ajoute ton repas préféré sur la table.

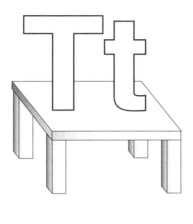

Tt

Tt

L'alphabet

Voici les lettres *U* majuscule et *u* minuscule.
Trace-les avec ton doigt, puis avec un crayon.

U u

U u

U u

Savais-tu qu'il y a des millions de planètes dans l'Univers?

L'alphabet

Voici les lettres V majuscule et v minuscule.
Trace-les avec ton doigt, puis avec un crayon.
Colorie la valise en brun.

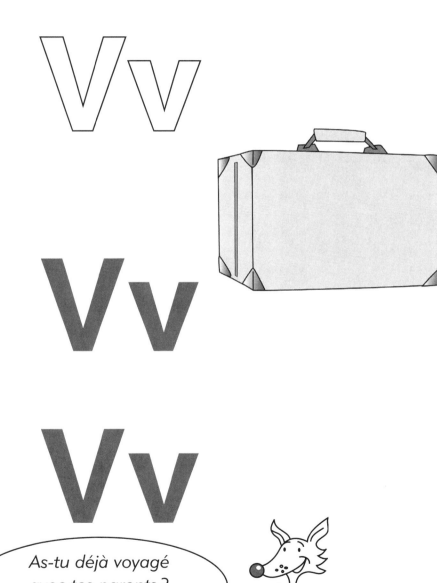

As-tu déjà voyagé
avec tes parents ?
Où aimerais-tu aller ?

L'alphabet

Voici les lettres W majuscule et w minuscule.
Trace-les avec ton doigt, puis avec un crayon.
Trace des rails sous les wagons.

Ww

Ww

L'alphabet

Voici les lettres X majuscule et x minuscule.
Trace-les avec ton doigt, puis avec un crayon.
Colorie les notes du xylophone de couleurs différentes.

L'alphabet

Voici les lettres Y majuscule et y minuscule.
Trace-les avec ton doigt, puis avec un crayon.
Suis avec un crayon bleu les cordes des yoyos.

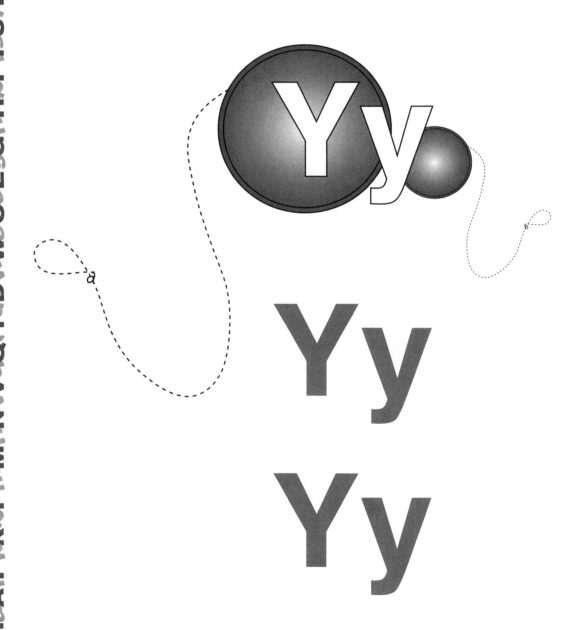

L'alphabet

Voici les lettres Z majuscule et z minuscule.
Trace-les avec ton doigt, puis avec un crayon.

Les lettres pareilles

Relie les lettres pareilles par un trait.

Les lettres pareilles

Relie les lettres pareilles par un trait.

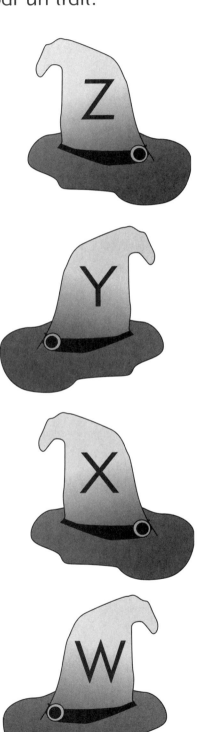

OXMAABJ/ZXMMCCEFDGKH/LNPISRV

La motricité fine

Les pompiers montent et redescendent de l'échelle
pour sauver le chat. Qui ira assez haut pour le sauver ?
Trace leur trajet en suivant les flèches.

94

ZXXMAABJUXMMCCEFDGKH/LNPISB

La motricité fine

Mimi la souris adore se cacher dans les trous du fromage.
Trace les trous et colorie la souris en gris.

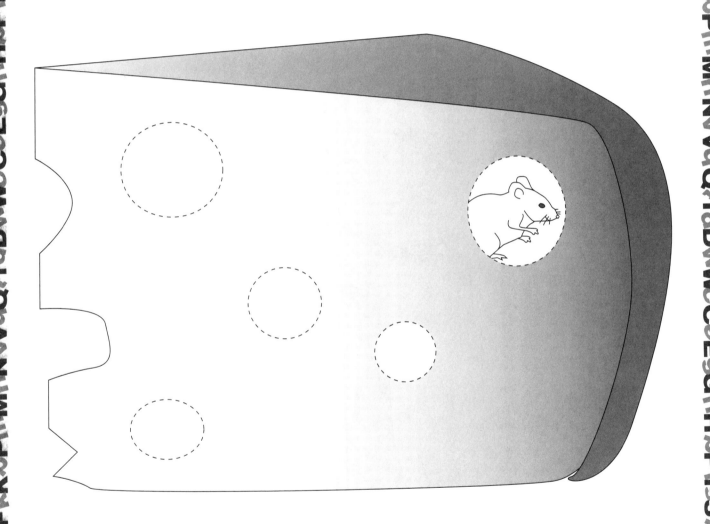

La reconnaissance des lettres

Cueille dans l'arbre les lettres *p* comme dans « pomme ».
Pour y arriver, relie-les au panier.

La discrimination visuelle

Trouve des mots commençant par la lettre S
dans ce dessin et entoure-les.

Suivre une consigne

Colorie le dessin selon la légende qui suit :

G = gris   V = vert   B = bleu

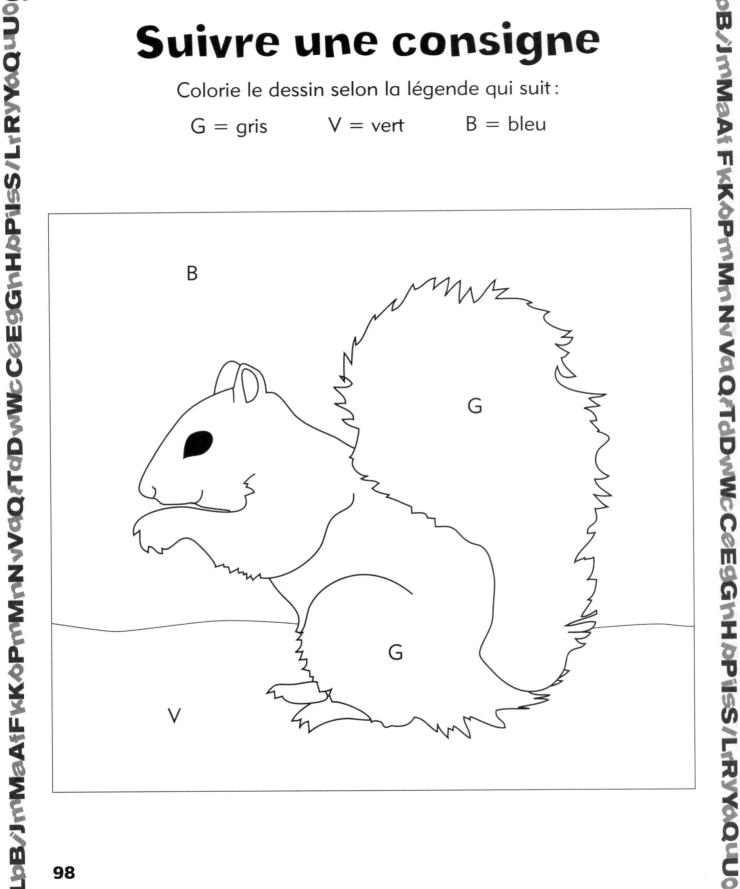

OXMAABJZXMCEFDGKHLNPISRV

La discrimination visuelle

Combien d'étoiles vois-tu ?
Colorie chaque étoile avec une couleur différente pour t'aider.

ZXMAABJUXMCEFDGKHLNPISRB

Les rimes

Relie par un trait les images dont le nom rime.

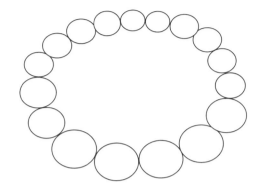

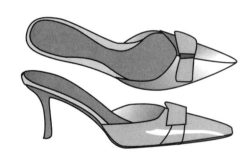

100

La chanson

Chante la chanson de l'alphabet avec l'un de tes parents
et suis les lettres avec ton doigt.

A B C D E F G

H I J K L M N O P

Q R S T U V

W X

Y Z

Je connais mon alphabet,

du début jusqu'à la fin !

La motricité fine

Voici plusieurs objets en forme de cercle.
Avec ton crayon, trace le contour de chacun d'eux.

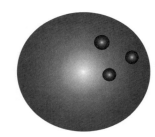

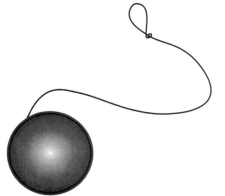

102

Le son des lettres

Range dans la bibliothèque les livres où apparaît la lettre A.
Pour le faire, relie ces livres par un trait à la bibliothèque.

L'orientation spatiale

Dessine en bleu les ballons derrière le phoque, en jaune les ballons en haut du phoque et en rouge les ballons devant le phoque.

La motricité fine

Trace le contour du lièvre, puis ajoute de la couleur
sur sa jolie fourrure.

> *Savais-tu que l'hiver,
> la fourrure du lièvre devient
> blanche afin qu'il puisse se
> cacher dans la neige ?*

105

La motricité fine

Colorie la serviette de plage de Lambert.
Elle est jaune avec des rayures bleues.

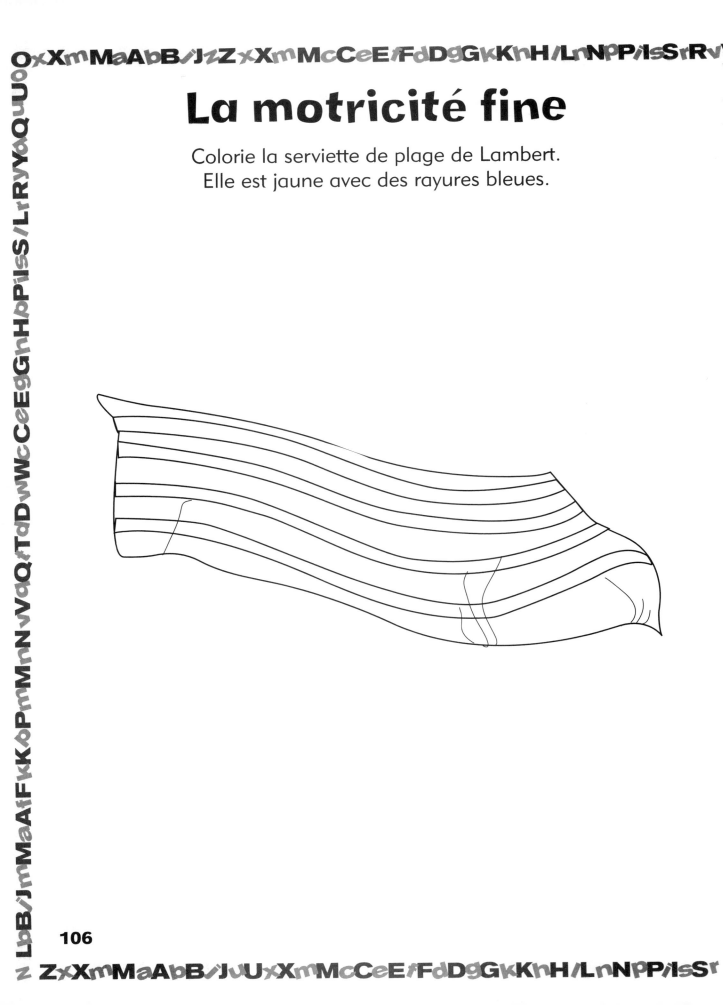

Notions mathématiques

Mot aux parents

Dans cette section, nous travaillerons les notions préalables aux mathématiques. Il faut, bien sûr, reconnaître les nombres de 0 à 5 et savoir compter jusqu'à 5 éléments. Plusieurs comptines peuvent vous aider à y arriver, mais les mathématiques ne se limitent pas qu'à cela. L'introduction à la résolution de problèmes en fait également partie. Pour aider votre enfant a y parvenir, faites-le réfléchir à ce qu'il pourrait faire pour régler des petits problèmes de la vie courante plutôt que de tout régler à sa place. S'il n'y arrive pas, vous pouvez lui suggérer des pistes de solution. Plus il grandira, plus il aura de références pour bien résoudre des problèmes.

La reconnaissance des formes et des couleurs fait partie de ce que l'on appelle la *géométrie*. Le fait, pour l'enfant, de faire la différence entre plusieurs dimensions et de les comparer l'amènera à comprendre des notions de mesures de longueur, d'aire et de volume présentes dans le programme d'études du primaire.

L'association d'objets semblables, des contraires et des suites est une introduction à la logique présente bien évidemment dans les mathématiques. Vous pouvez, à la maison, dans le cadre de vos activités quotidiennes, guider votre enfant vers l'acquisition de ces concepts. Demandez-lui de vous aider à placer les chaussettes semblables par grandeur, par couleur ou tout simplement par paires de chaussettes identiques. Vous pouvez aussi lui demander d'aligner des pâtes alimentaires par grandeur, par couleur ou en faire des colliers comprenant des séquences à répéter. Tous ces jeux lui permettront d'acquérir des connaissances de base et de développer son autonomie.

Les nombres

1

Trace des 1.

Les nombres

2

Colorie la première auto en rouge et la deuxième en jaune.

Trace des 2.

2 2 2 2

Les nombres

Dessine un visage souriant à la première citrouille,
un visage fâché à la deuxième et fais un chapeau à la troisième.

Trace des 3.

3 3 3 3

Les nombres

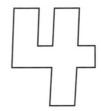

Dessine Boucle d'Or près des ours.

Trace des 4.

Les nombres

Trace des 5.

5 5 5 5

Nomme chacun de tes doigts.

Les formes

Trace et colorie le cercle en bleu.

À quoi cela te fait-il penser?

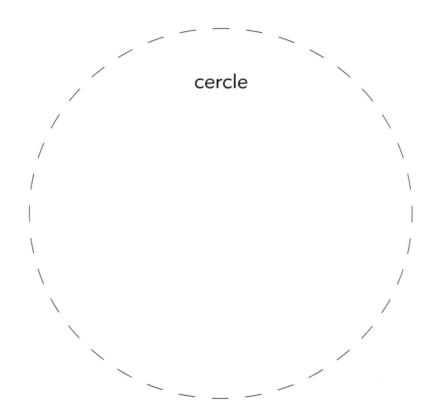

cercle

Les formes

Trace et colorie le carré en rouge.

Nomme deux objets ayant la même forme.

carré

115

Les formes

Trace et colorie le rectangle en jaune.

Trace une ligne verticale au milieu et fais des petits points noirs de chaque côté pour obtenir un domino.

rectangle

Les formes

Trace et colorie le triangle en vert.

Trace un visage sous ce chapeau de fête.

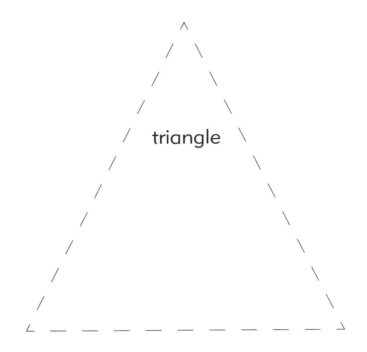

triangle

La mémoire d'éléphant

Tu as une minute pour nommer les sept objets sur cette page.
Ensuite, referme ton livre. Essaie de nommer au moins
trois objets dont tu te souviens. Colorie autant d'éléphants
que d'objets dont tu te rappelles.

La discrimination visuelle

Le casse-tête ci-dessous est incomplet.
Regarde-le bien et encercle le morceau qui manque.

119

Les formes

C'est l'heure de ranger.
Découpe les objets et place-les sur les tablettes selon leur forme.

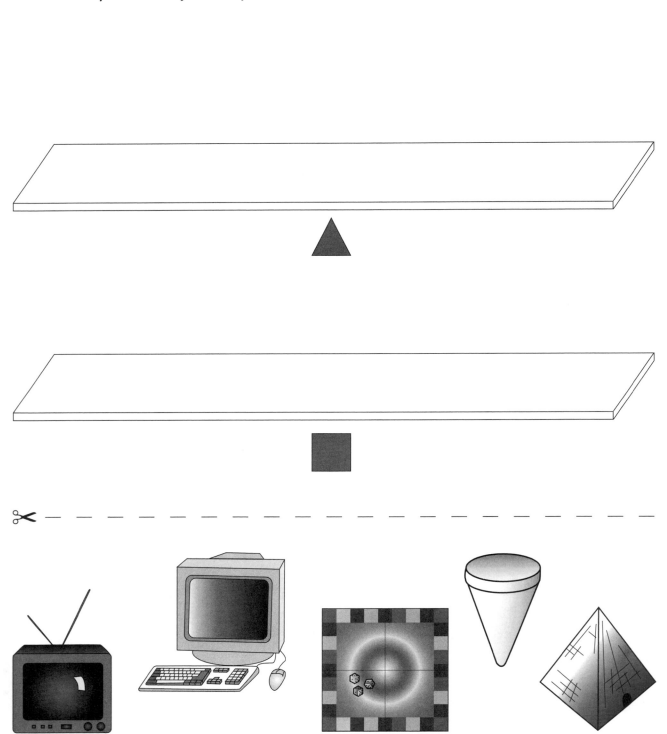

120

Trier et sélectionner

Aide Abi à faire le ménage.
Encercle ce qui pourrait lui servir.

Dénombrer

Colorie autant de points qu'il y a d'objets dans les paniers.

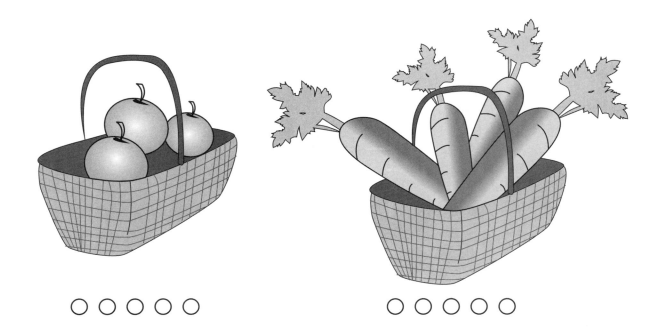

○ ○ ○ ○ ○　　　　○ ○ ○ ○ ○

○ ○ ○ ○ ○　　　　○ ○ ○ ○ ○

Plein et vide

Découpe et colle les pots de confitures pleins dans l'armoire
et les autres dans le bac à recycler.

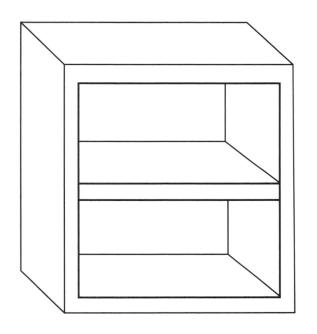

L'ordre

Sydney est allée au cirque. Elle a vu quatre éléphants.
Le premier était jaune; le deuxième, bleu; le troisième, rouge
et le quatrième, gris. Colorie les éléphants de la bonne couleur.

124

La notion de position

Tu fais une chasse au trésor. Suis les indications
pour te rendre au coffre et trace ton chemin
à l'aide d'un crayon de la couleur de ton choix.

Marche entre les plantes.
Ensuite, passe sous l'arche.
Passe à travers la petite forêt.
Finalement, passe à côté de la maison, le trésor t'attend.

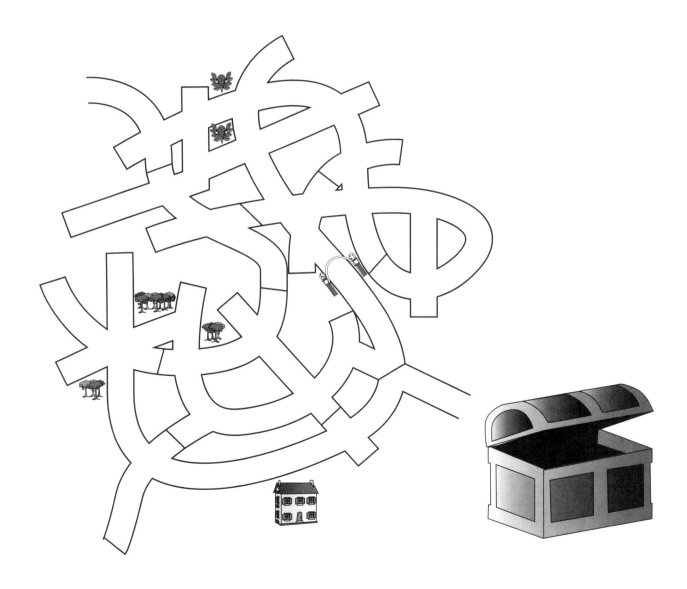

125

Associer les formes

Relie les objets à la bonne forme.

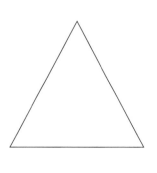

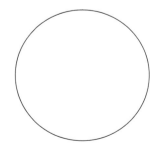

Les nombres

Colorie un objet en rouge et trace le nombre 1.

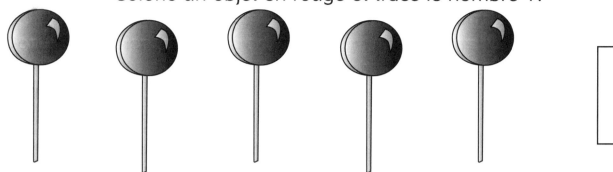

Colorie deux objets en jaune et trace le nombre 2.

Colorie trois objets en bleu et trace le nombre 3.

Colorie quatre objets en orange et trace le nombre 4.

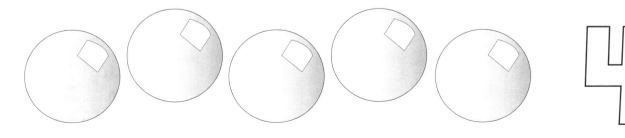

127

Compter

Le pêcheur a attrapé des poissons dans son filet.
Il en a trois rouges et deux verts. Colorie-les.
Compte combien il en reste et écris-le dans le carré.

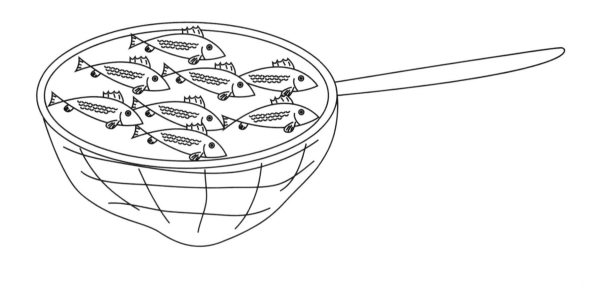

L'association

Relie par un trait les objets qui vont ensemble.

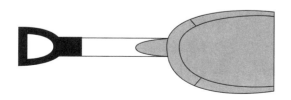

129

Comparer des longueurs

Kaïla le lutin n'est pas très grand.
Il préfère les petites choses. Trouve l'objet le plus court
de chaque paire et encercle-le pour lui.

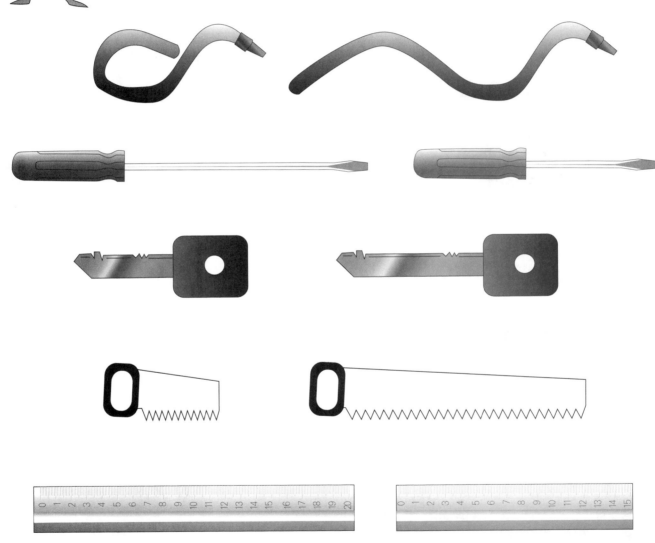

130

L'ordre

Papa place ses outils dans des boîtes.
Découpe les boîtes et place la plus grande en dessous
et empile les autres jusqu'à la plus petite.

✂ -

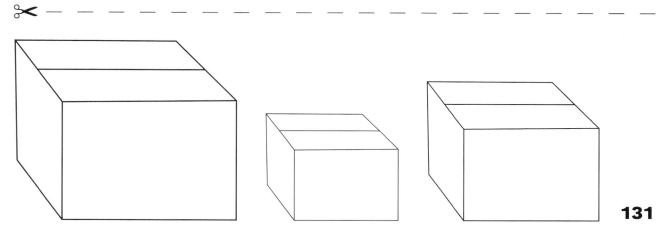

Comparer des grosseurs

Trouve parmi les objets ceux qui appartiennent à un géant.
Fais un ✗ sur ceux qui ne lui appartiennent pas.

Point à point

Complète le dessin en reliant les nombres dans l'ordre.

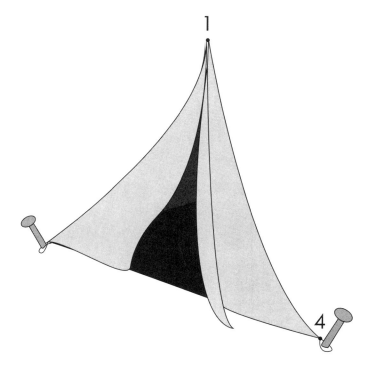

La notion de position

Colorie les pommes dans l'arbre en vert
et les pommes sous l'arbre en rouge.

134

La notion de similitude

À quelle forme te font penser les objets de gauche ?
Relie-les à la bonne forme à droite.

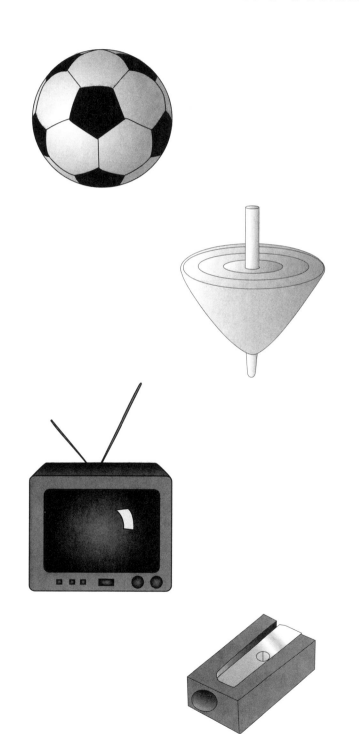

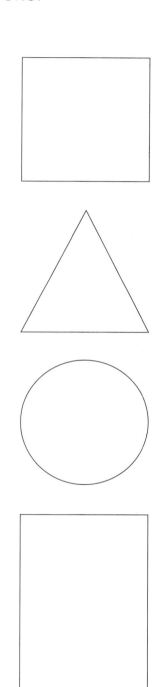

135

Les suites

Regarde ce qui est sur les tablettes du dépanneur.
Devine ce qui vient ensuite et dessine-le.

Les formes

Trace les formes en pointillés afin de compléter les dessins.

Les nombres

Colorie les ballons de couleurs différentes.

Trace des 6.

6 6 6 6

Les nombres

7

Trace des 7.

7 7 7 7

Les nombres

Découpe huit petits bouts de papier et colle-les.

Trace des 8.

8 8 8 8

140

Les nombres

Trace des 9.

9 9 9 9

Savais-tu qu'un papillon c'est une chenille qui s'est transformée? Étonnant n'est-ce pas?

Les nombres

Doudou lapin doit emprunter le chemin des nombres 1 à 6
pour rejoindre sa carotte. Trace le chemin pour lui.

1	8	7	2
4	2	5	4
9	1	3	0
3	6	4	5
1	2	0	6

142

Une comptine

Attention !, tu dois chercher les nombres dans la comptine et les encercler.

1 2 3 4 5 6 7

Violette, Violette

1 2 3 4 5 6 7

Violette à bicyclette

1 2 3

Le chat n'est pas là

1 2 3

Sautez dans mes bras

Les nombres

La seule façon de te sortir de ce labyrinthe
est de passer par les numéros de 1 à 5. Bonne chance !

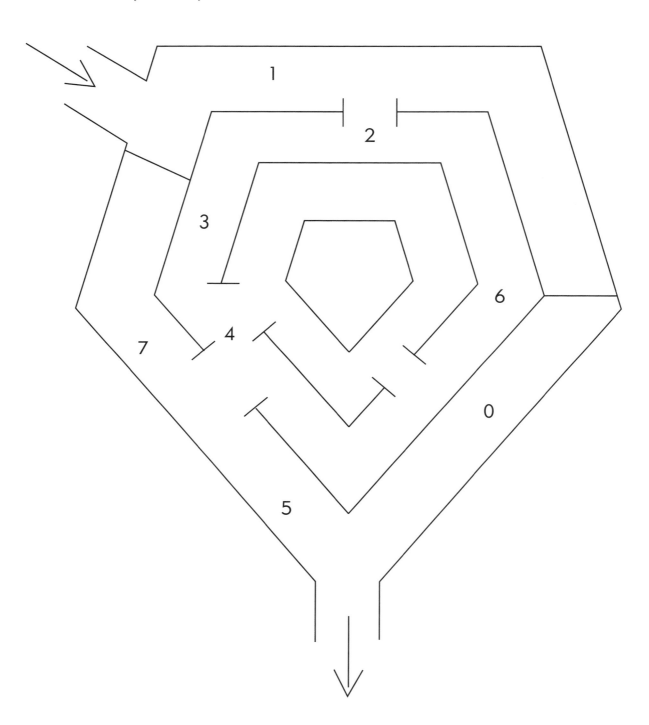

Raisonner

Parmi les objets rassemblés, trouve l'intrus et biffe-le.

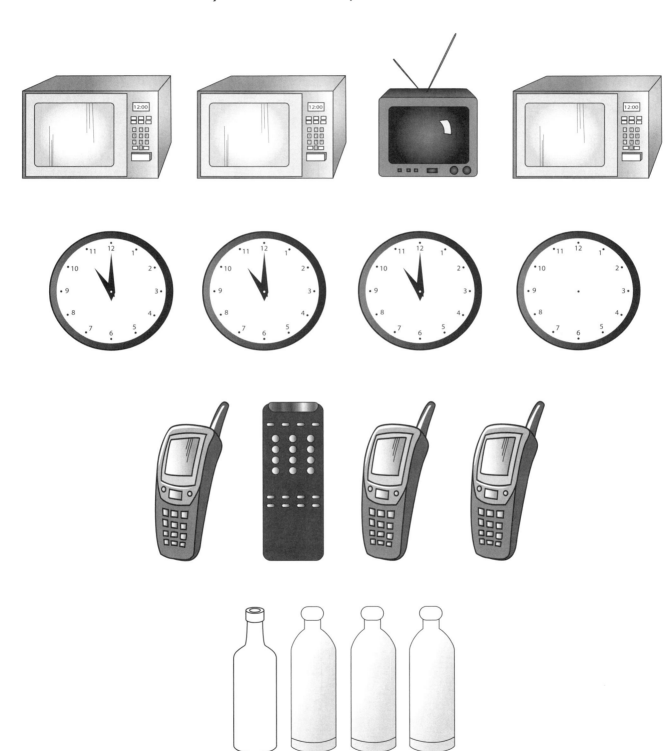

Les notions spatiales

Encercle ce qui est en haut des arbres et colorie en jaune
ce qui est en bas des arbres.

Les associations

As-tu déjà remarqué que la lumière devant un objet
crée de l'ombre de l'autre côté ?

Regarde les objets de gauche et relie-les à leur ombre.

Amuse-toi à créer des ombres au mur avec une lampe.

147

Les paires

Certains objets vont par paire, c'est-à-dire qu'ils doivent être deux pour être complets. Regarde les objets de gauche et dessine le deuxième objet de la paire.

Compter

Compte les objets que tu vois et encercle le bon nombre.

1 2 3 4 5

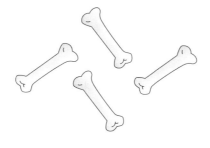

1 2 3 4 5

1 2 3 4 5

1 2 3 4 5

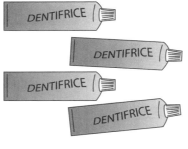

1 2 3 4 5

1 2 3 4 5

1 2 3 4 5

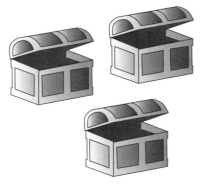

1 2 3 4 5

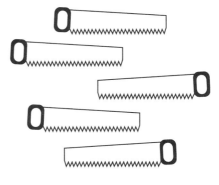

1 2 3 4 5

149

L'observation

Relie les nombres pareils par un trait.

4   3

3   2

1   4

2   1

Le nombre 2

Fais un ✗ sur les nombres qui ne sont pas des 2
et colorie en bleu les nombres 2.

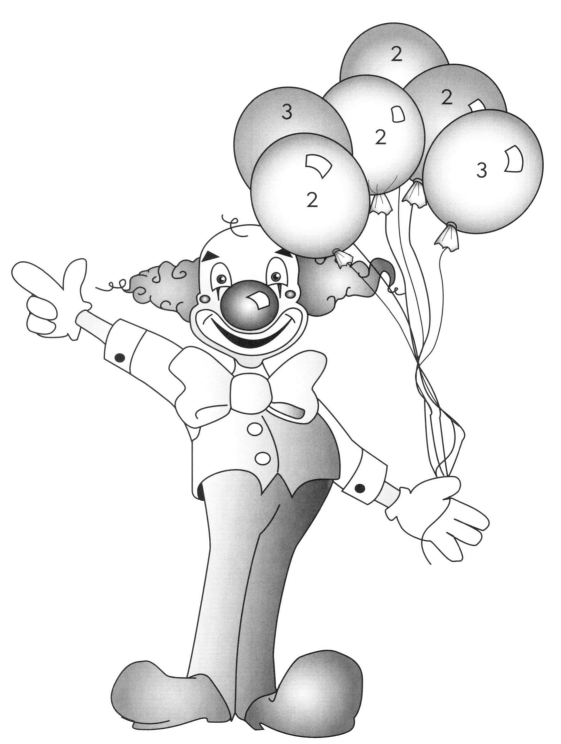

Le nombre 3

Pars du nombre 3 au centre et fais une flèche vers les autres 3.

6

2

4

2

3

3

3

8

3

Plus, moins ou égal

Regarde l'étagère et réponds aux questions.

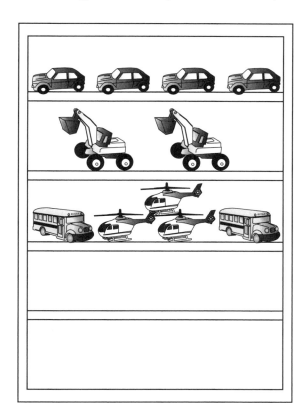

Y a-t-il plus de  ou de  ?

Y a-t-il moins de  ou de  ?

Y a-t-il plus de  ou de  ?

Y a-t-il moins de  ou de  ?

Les formes

Relie la forme géométrique du centre
aux objets qui ont la même forme.

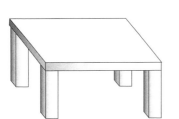

Les formes

Relie la forme géométrique du centre
aux objets qui ont la même forme.

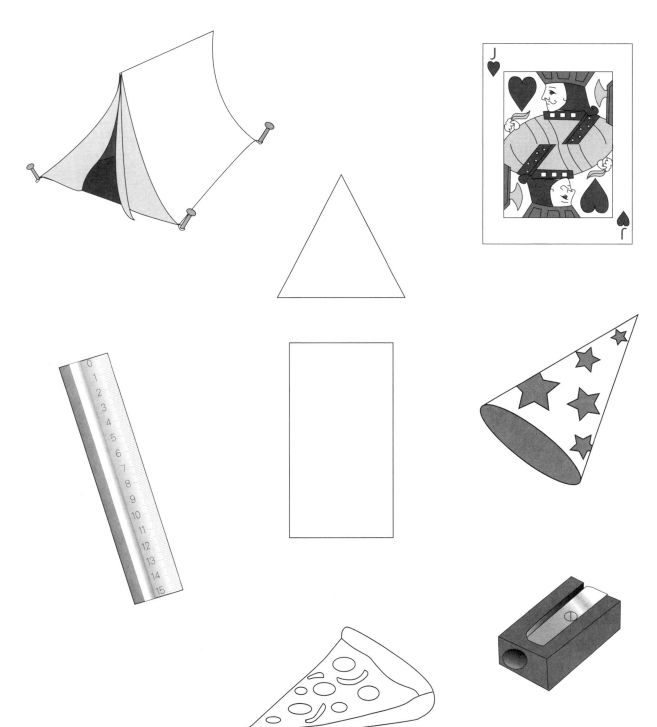

La motricité fine

Trace les bonds de Bong Bong le kangourou et compte-les.
Puis, trace les chiffres.

La motricité fine

Trace des 1 à côté de chaque pièce de monnaie.
Compte-les et encercle la bonne réponse.

1 2 3 4 5 6

Le nombre 2

Trace un 2 sous chaque enclos où il y a 2 animaux.

Le nombre 3

Complète les sacs suivants afin qu'il y ait toujours trois objets dans chaque sac. Ensuite, lorsque tu auras fini, écris un 3 sur l'étiquette.

159

Le nombre 4

Les dossards numéro 4 ont disparu. Les athlètes ont besoin
de leur numéro pour commencer la partie.
Trace un 4 sur leur chandail pour les aider.

160

Le nombre 5

Trace ta main, colorie-la et écris dessus
le nombre de doigts qu'elle a.

La mémoire

Regarde les sept animaux sur cette page.
Nomme-les, puis cache-les. Essaie de te souvenir du plus grand
nombre d'animaux possible et nomme-les. Colorie ensuite
autant de médailles que le nombre d'animaux que tu as nommés.

La discrimination visuelle

Antoine a trouvé son jouet brisé dans la cour.
Parmi les morceaux qui sont par terre, peux-tu trouver
celui qui va avec son jouet ? Lorsque tu l'auras trouvé,
recolle-le, Antoine sera heureux.

Merci !

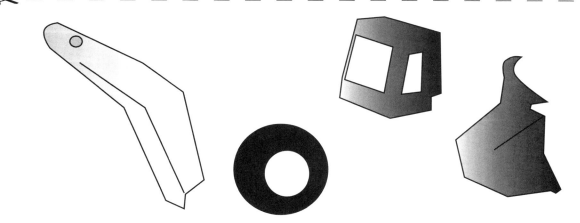

163

Trier et sélectionner

Lambert veut aller jouer sous la pluie.
Il regarde dans le garde-robe d'entrée, mais il ne sait pas
comment s'habiller. Aide-le en entourant ce dont il aura besoin.

Suivre une légende

Colorie le dessin en suivant la légende.

5 = jaune   6 = vert   7 = bleu   8 = rouge

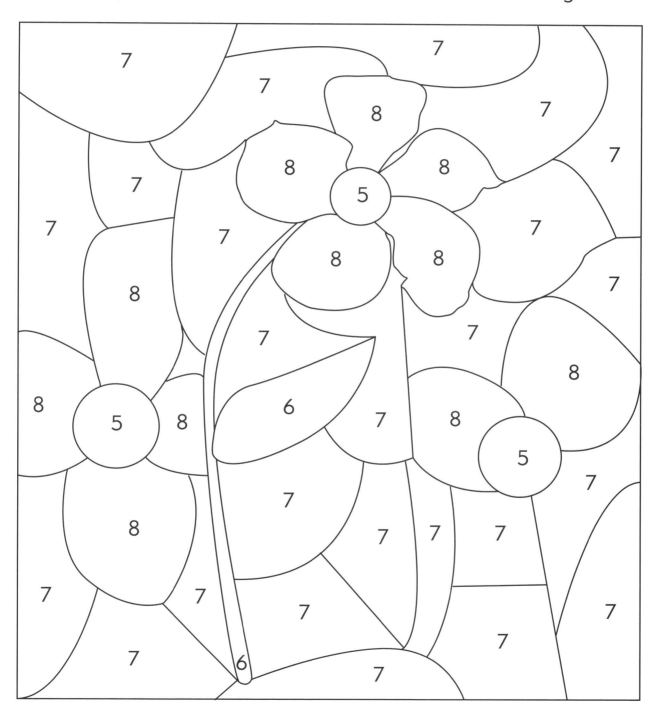

165

Comptons les moutons

Pour s'endormir, certains enfants comptent les moutons.
Compte-les aussi et dessine autant de points
que tu comptes de moutons.

Plein et vide

Marguerite reçoit ses amies pour la collation.
Elle verse deux verres pleins de jus d'orange et deux verres
à moitié pleins de jus de raisin. Combien de verres vides a-t-elle?
Pour le savoir, colorie le jus dans les verres qu'elle a déjà servis.

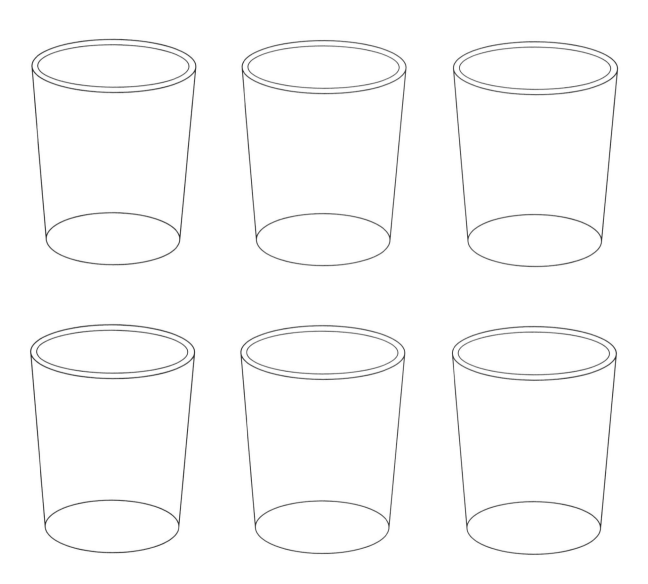

167

L'ordre

Au dépanneur, des gens attendent en file.
Encercle le deuxième personnage qui attend.
Fais un ✗ sur le troisième et colorie le premier.

Le rang

À la maternelle, l'enseignante place ses élèves
par ordre de grandeur. Elle place devant elle le plus petit
et les élèves de plus en plus grands derrière.
Découpe les élèves et place-les par ordre de grandeur.

✂ -

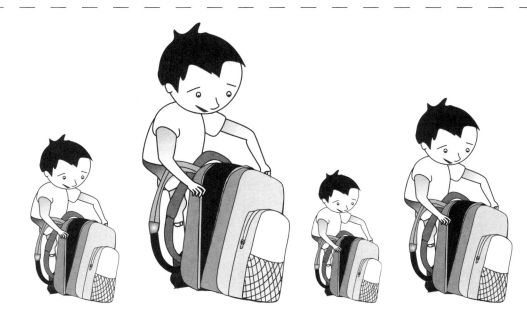

169

L'ordre

1, 2, 3, partez! Voici la photo prise à la fin d'une course.
Écris sur les voitures les nombres 1 à 4 selon leur ordre d'arrivée.

Départ

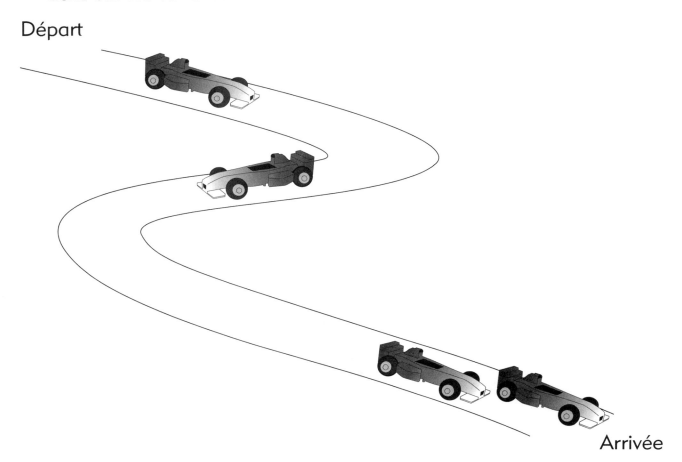

Arrivée

170

L'arrivée

Notion de position

Aide Léa à se rendre jusqu'à son chien en suivant les indications.

Passe près des fleurs.
Rends-toi jusqu'au chien husky.
Remonte un peu et descends jusqu'aux deux arbres.
Passe entre les deux arbres.
Marche devant la tente et rends-toi jusqu'au chien de Léa.
Bravo !

171

L'association de formes

Découpe, dans des revues, des vieux livres ou des cahiers publicitaires,
des images d'objets qui ont la forme d'un carré et colle-les
sur la page.

L'association de formes

Relie par un trait les photos aux bons cadres.

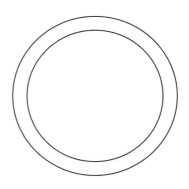

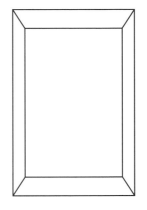

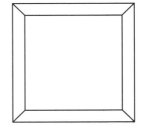

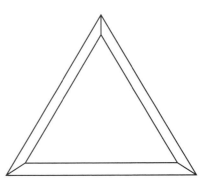

173

Compter

Dessine autant d'objets qu'on te l'indique.

3	
1	
5	
2	

L'association d'objets

Certaines illustrations vont ensemble. Relie-les par un trait.

175

La longueur

Au festival des fleurs, le premier prix est décerné à la fleur qui a la plus longue tige. Encercle la grande gagnante. Fais un ✗ sur la tulipe qui a la tige la plus courte.

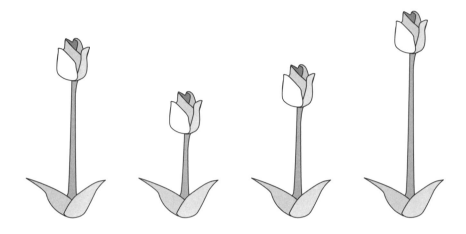

Colorie le tournesol le plus haut. C'est lui qui gagnera. Biffe le tournesol le plus bas, il ne gagnera pas.

L'ordre de grandeur

Jean-Samuel fait une tour de blocs. Pour qu'elle soit solide,
il les place par ordre de grandeur du plus gros en bas jusqu'au plus
petit en haut. Découpe les blocs pour faire une tour comme la sienne.

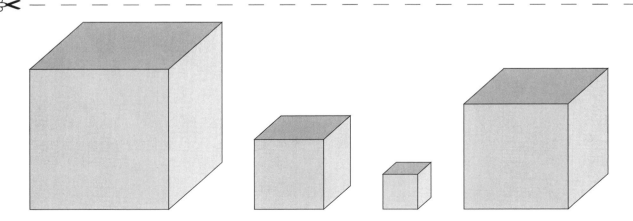

Point à point

Suis les points de 1 à 5 pour compléter le dessin.

1

2

3

4

5

178

La notion de position

Dessine deux poissons sous l'eau.
Ajoute un ballon sur l'eau.
Fais un soleil dans le ciel.

179

La notion de similitude

Une partie des dessins est manquante.
Termine les dessins s'il te plaît.

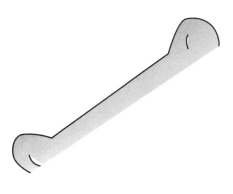

Comparer des grosseurs

Voici des petits dessins.
Refais les mêmes dessins mais en plus gros.

Les suites

Regarde bien les cordes à linge suivantes.
Quel vêtement viendrait en dernier ?

Attention !
Les vêtements se suivent
dans un ordre précis.

Les formes

Bob le constructeur veut faire une étagère.
Aide-le en traçant les rectangles qui composent cette étagère.

Sur le chemin de 5 à 9

Jean-Sébastien frappe la balle. Elle va loin.
Va-t-il réussir un coup de circuit ou vas-tu attraper sa balle ?
Pars du joueur et suis le chemin de 5 à 9 pour attraper sa balle.

184

Les indices

Un adulte chante la comptine.
Lorsque tu vois le lutin dont parle la chanson, pointe-le.
Encercle le lutin qui n'est pas nommé.

Qui a tiré la queue du chien ?
C'est le lutin numéro 1.

Qui a perdu mon bonnet bleu ?
C'est le lutin numéro 2.

Qui a mangé les chocolats ?
C'est le lutin numéro 3.

Mais les trois lutins ont juré que c'était moi.

185

Une comptine

Colorie les nombres que tu vois et les lapins sur cettte page.

Nous sommes des petits lapins

Chaque jour, on s'amuse bien

Et dans les champs
On devient tous des copains

Raisonner

Trouve l'intrus parmi les ensembles suivants.

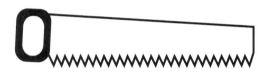 

DENTIFRICE

187

Les notions spatiales

Dessine trois ballons plus haut que le clown
et deux ballons plus bas que le clown.

La similitude

Relie les objets aux ombres.

Les paires

Les objets allant deux par deux ont été séparés.
Retrouve les paires et relie-les par un trait bleu.

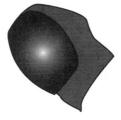

Compter

Dans chaque paquet, compte le nombre d'objets
et complète s'il y a lieu.

6

4

4

5

191

L'horloge

Regarde bien l'horloge. Il manque des nombres.
Écris-les et dessine deux aiguilles pour indiquer l'heure que tu veux.

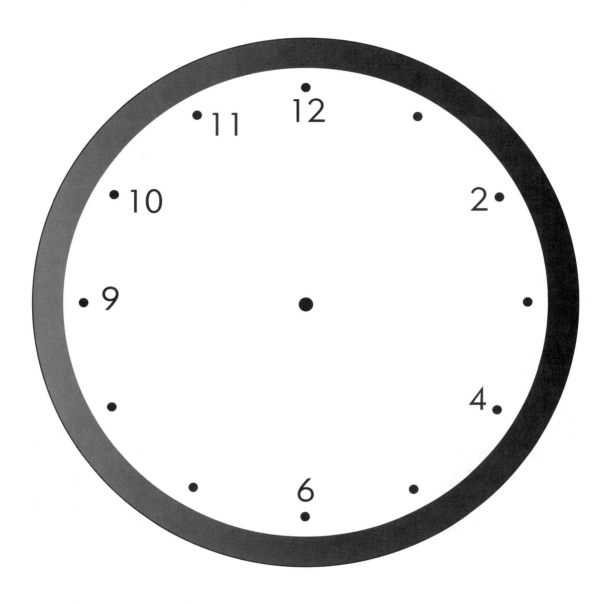

Les nombres pareils

Relie les nombres pareils par un trait jaune.

3   7

6   3

7   2

2   6

> *Attention !*
> *Certains chiffres*
> *se ressemblent mais*
> *ne sont pas pareils.*

193

Le nombre 3

Trouve les billes portant le nombre 3 et colorie-les en rouge.
Colorie les autres de plusieurs couleurs différentes.

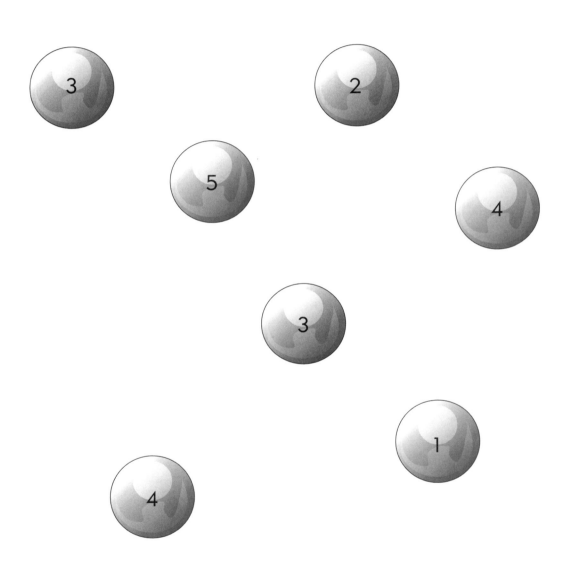

Écrire les nombres

Écris sur les perles les nombres de 0 à 6.

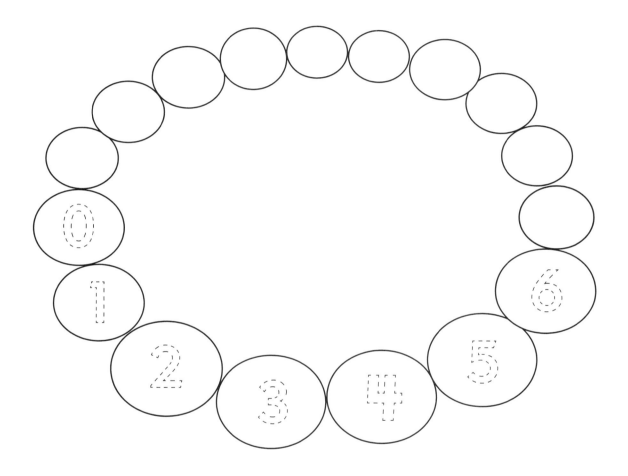

Compter

Compte le nombre de chandelles qu'il y a sur le gâteau
afin de découvrir l'âge de Thomas. Écris ensuite son âge sur sa carte.

Les formes

Fais jouer de la musique ou chante.
Promène ton doigt sur les formes. Lorsque la musique s'arrêtera
ou que tu arrêteras de chanter, nomme la forme sur laquelle
ton doigt s'est arrêté.

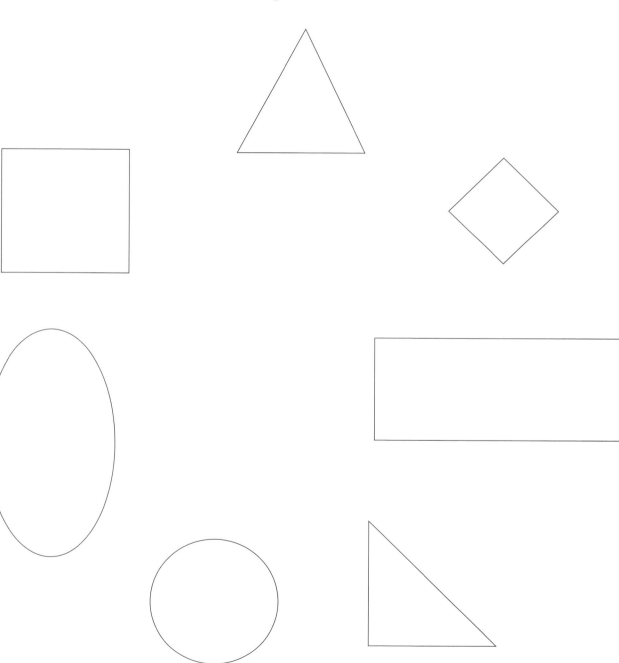

Découpe, nomme et colle

Découpe un cercle, un triangle, un carré et un rectangle
dans du papier. Dépose les formes dans un sac et piges-en une.
Si tu la nommes correctement, tu pourras la coller sur cette page.
Sinon, redépose-la dans le sac et pige de nouveau.
Le jeu se termine lorsque tu auras collé toutes les formes.

Bingo

Demande à l'un de tes parents de jouer à l'animateur
et de nommer des nombres. Si tu l'as sur ta carte, colorie-le. Lorsque
tu auras complété une ligne horizontale ou verticale, crie BINGO !

B	I	N	G	O
1	0	6	7	1
6	2	7	2	4
4	5	3	5	3
7	4	4	4	2
5	8	3	1	5

Dénombrer

Lis la recette et colorie ce dont tu auras de besoin.

Salade de fruits
3 oranges
5 cerises
2 poires
1 banane
1 jus de fruits

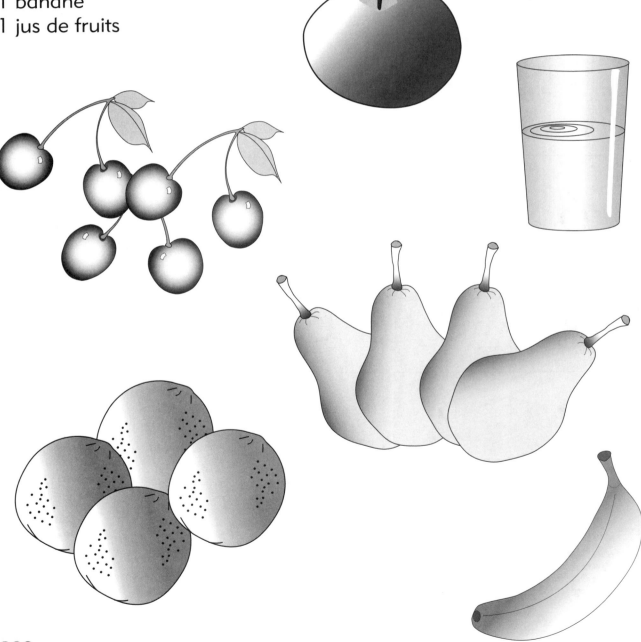

La logique

Découpe et place les animaux au bon endroit.

Le chat noir va en haut à gauche.
Le chat gris est juste en dessous.
Le chat blanc est au centre.
Le chien blanc est sous le chat gris.
Le chien assis est en haut du chat blanc.
Le chien foncé est en bas au centre.
Le coq de couleurs est en bas à droite.
Le coq blanc est juste au-dessus.
La case en haut à droite est vide

✂ -

201

L'argent

Encercle les articles de la page suivante que tu voudrais acheter et colorie le montant d'argent nécessaire pour les acheter.

L'argent (suite)

Les chiffres

Des chiffres du jeu de marelle se sont effacés.
Peux-tu les retracer?

PARADIS

Les animaux

Mot aux parents

Les enfants sont fascinés par les différents animaux de la planète. Ils découvrent d'abord les animaux domestiques et ceux de la ferme. Ils découvrent également des animaux exotiques à travers le zoo. Ils peuvent y être allés au cours d'une sortie, avoir un jeu à la maison ou tout simplement les avoir vus à la télévision.

L'enfant construira sa compréhension du monde en saisissant les différentes interactions entre les vivants et les non-vivants. Plus tard, il découvrira le fragile équilibre de la chaîne alimentaire et l'importance de protéger les espèces en voie de disparition.

Dans cette section, nous aborderons les divers animaux de la planète : les animaux polaires, de la savane, de la forêt et de la mer. Vous pouvez explorer avec votre enfant un globe terrestre ou une carte géographique pour lui montrer l'étendue du monde qu'il habite. Nous vous présenterons également des activités mettant en vedette des animaux plus familiers ainsi que la façon de bien s'en occuper. Si vous avez un animal ou connaissez quelqu'un qui en a un, c'est une excellente occasion d'en discuter avec votre enfant. Vous pouvez également prendre un animal en peluche et prétendre qu'il est réel et jouer à vous en occuper. Utilisez votre imagination pour rendre la chose crédible.

Les animaux polaires

Trouve les animaux polaires sur le dessin.
Nomme-les et dessine un cornet de crème glacée pour chacun d'eux.

Les animaux polaires ne mangent pas de crème glacée en réalité. Ce n'est qu'un jeu !

La savane

Trouve les animaux de la savane.
Encercle-les et biffe ceux qui ne sont pas dans leur élément.

La forêt canadienne

Regarde la forêt.
Trouve les animaux cachés et relie-les à leur nom.

Castor   Raton   Renard roux   Ours   Écureuil

La mer

Les fonds marins sont très colorés. Prends au moins cinq crayons de couleurs différentes pour réaliser ce coloriage.

Les cartes d'animaux

Découpe les cartes suivantes. Tu peux en faire un jeu de mémoire, un jeu de « Imite le son de l'animal », un jeu de « Nomme le nom de l'animal » ou tout autre jeu que tu inventeras.

Grand et petit

Colorie les grands animaux en bleu et les petits, en jaune.

La maison des animaux

Découpe les animaux au bas de la page et colle-les dans leur maison.

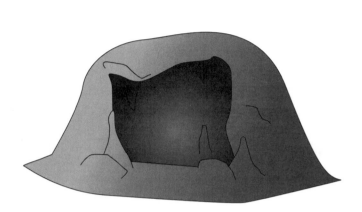

214

Les empreintes

Relie-les empreintes au bon animal.

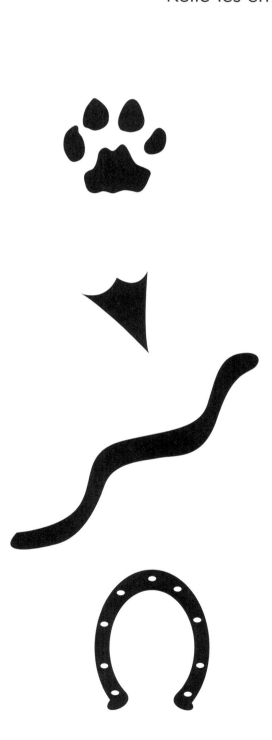

La laine des moutons

Écoute la chanson et colorie le mouton et sa laine
à la page suivante.

La laine des moutons
C'est nous qui la tondaine
La laine des moutons
C'est nous qui la tondons

Tondons, tondons
La laine des moutaines
Tondons, tondons
La laine des moutons

La laine des moutons
C'est nous qui la lavaine
La laine des moutons
C'est nous qui la lavons

Lavons, lavons
La laine des moutaines
Lavons, lavons
La laine des moutons

La laine des moutons
C'est nous qui la cardaine
La laine des moutons
C'est nous qui la cardons

Cardons, cardons
La laine des moutaines
Cardons, cardons
La laine des moutons

La laine des moutons
C'est nous qui la filaine
La laine des moutons
C'est nous qui la filons

Filons, filons
La laine des moutaines
Filons, filons
La laine des moutons

217

Le lapin et le lièvre

Avec l'aide d'un adulte, relie les points pour découvrir de quel animal il s'agit.

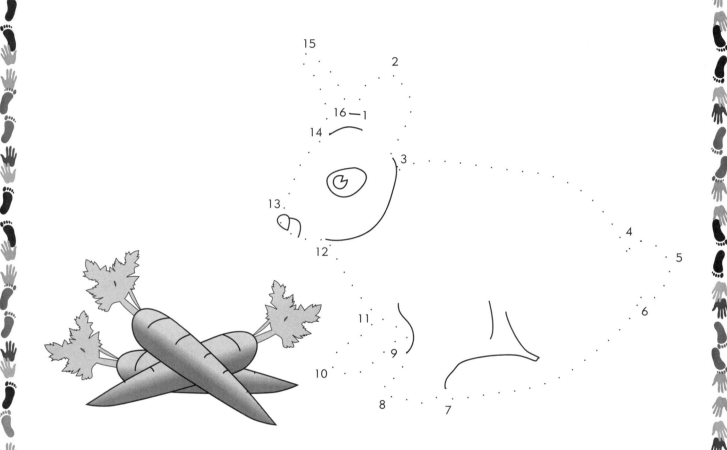

Le lièvre est un animal sauvage et le lapin est un animal domestique.

Compter les pis

Compte les pis de la vache et écris le nombre en dessous.

Savais-tu que le lait que l'on boit provient de la vache?

La nourriture

Dessine la nourriture des animaux dans leur bol respectif.

 graines

 noisettes

 viande

 poisson

220

Les métiers

Mot aux parents

Cette section sur les métiers se prête à toutes sortes d'apprentissages. L'enfant continuera à calligraphier, à compter, à dessiner, à colorier et à découper. Vous pouvez aussi faire des jeux de rôles avec lui en prétendant exercer l'un ou l'autre de ces métiers. L'enfant s'identifie beaucoup aux autres enfants, mais il cherche à imiter les gestes des adultes. Parlez-lui du métier que vous exercez et de ceux des membres de la famille qu'il affectionne particulièrement. Il comprendra qu'il existe une panoplie de métiers et que tous sont importants pour le bon fonctionnement d'une société. Demandez-lui ce qu'il aimerait faire plus tard. Permettez-lui de laisser libre cours à son imagination et ne le ramenez pas sur terre avec la notion de réalité. Il est jeune et a le droit de rêver à sa manière de son avenir. Rien ne presse, dites-lui qu'il a le temps de choisir et de changer d'idée, encore et encore.

Cuisinier, cuisinière

Encercle et mets dans la marmite (à l'aide d'un trait)
les instruments dont se sert le cuisinier.

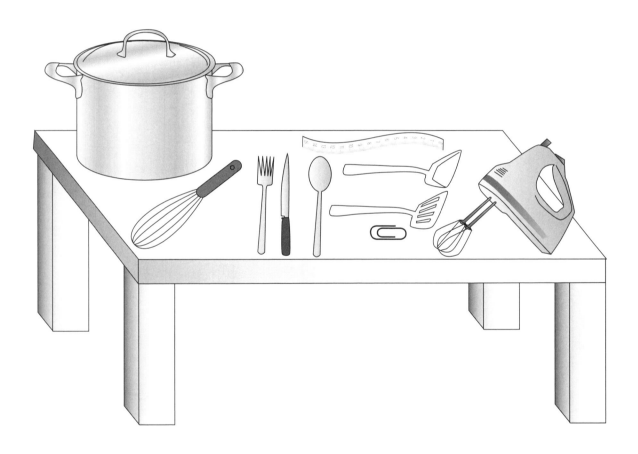

Pompier, pompière

Suis le tuyau de pompier jusqu'à la borne fontaine.

Médecin

Suis les consignes suivantes pour examiner et soigner le patient.

Relie — la seringue au bras.
— le stéthoscope au cœur.
— le thermomètre à la bouche.
— l'abaisse-langue à la langue.

Coiffeur, coiffeuse

Colle de longs bouts de laine sur la tête du personnage.
Amuse-toi ensuite à couper ses cheveux de la longueur désirée.
Tu peux ajouter de la couleur sur ses cheveux avec de la peinture,
des paillettes ou toutes autres décorations.

Enseignant, enseignante

Trouve les lettres et les nombres cachés dans le dessin et colorie-les.

Peintre

Colorie les pots de peinture comme indiqué.

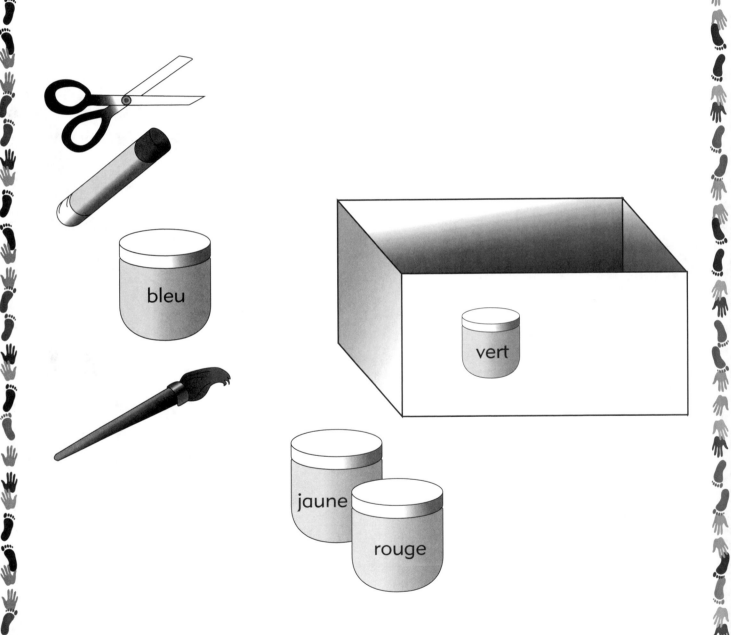

Astronaute

5, 4, 3, 2, 1, décollage !

Trace un chemin partant de l'astronaute vers la planète Mars,
puis vers par la Lune et se terminant par un arrêt sur la Terre.

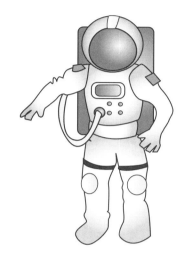

TERRE

MARS

Serveur, serveuse

Découpe dans des cahiers publicitaires d'épicerie
ce que tu voudrais commander à la serveuse.

N'oublie pas
de dire "merci".

Policier, policière

Aide le policier à faire son enquête.
Prends ta loupe imaginaire et regarde attentivement le dessin.
Trouve quatre erreurs dans l'image et encercle-les.

Fleuriste

Découpe des pétales de différentes formes et colle-les sur les tiges.

Pilote

Trace le trajet de ces pilotes.

Les véhicules

Relie le véhicule à son conducteur.

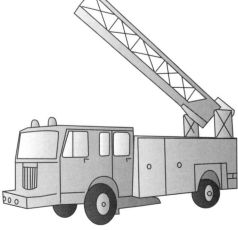

Couturier, couturière

Demande à un adulte de percer des trous à l'aide
de la pointe d'un crayon. Passe ensuite une ficelle ou un bout
de laine à travers les trous (par-dessus et par-dessous)
pour coudre le bas.

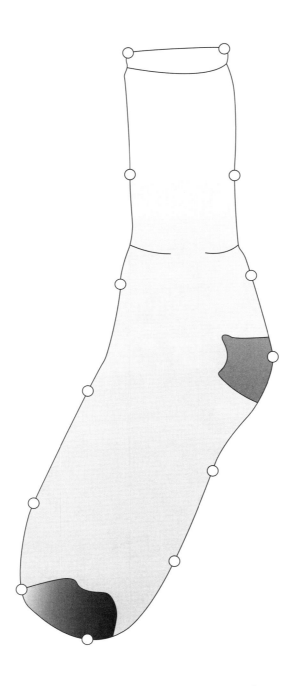

Musicien, musicienne

Colorie en bleu les instruments à cordes,
en jaune les percussions et en vert les instruments à vent.

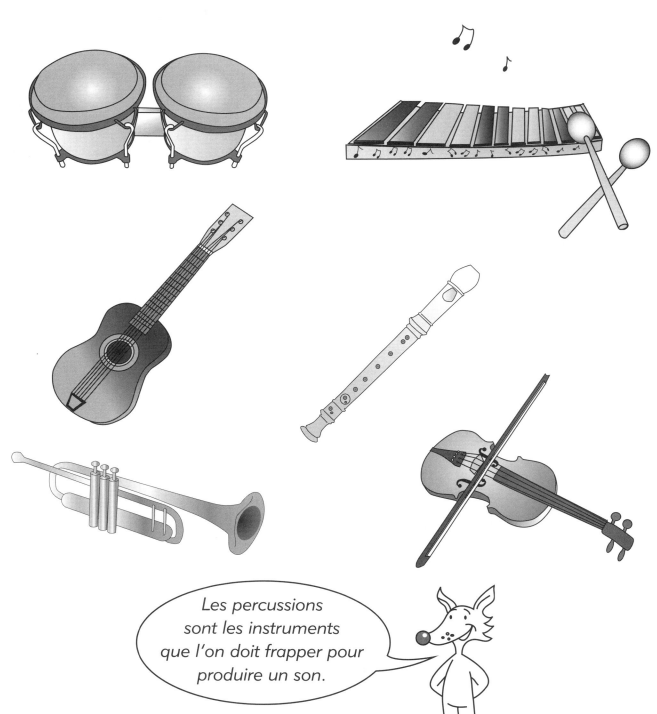

*Les percussions
sont les instruments
que l'on doit frapper pour
produire un son.*

Santé et sécurité

Mot aux parents

Dans ce chapitre, nous aborderons le thème de la santé et de la sécurité. Votre enfant grandit et il doit apprendre à agir de plus en plus seul, et ce, dans différents contextes. Il prend conscience de son corps et des dangers de l'environnement qui l'entoure. C'est pour cette raison que vous lui inculquez de saines habitudes de vie et que vous lui interdisez certaines choses afin de le protéger. Avec les activités que nous vous proposons, l'enfant révisera certaines notions relatives à son hygiène de vie, mais aussi aux comportements à adopter face à son environnement pour s'amuser en toute sécurité. Les dangers sont nombreux et nous aborderons ceux auxquels l'enfant est le plus susceptible de faire face. Soyez attentifs aux exercices et rappelez à votre enfant ce qu'il a déjà appris lorsque vous vivrez réellement une situation semblable. L'exercice sur papier prend tout son sens lorsqu'il est rattaché à une situation réelle.

Brosse, brosse, brosse

À l'aide d'une brosse à dents, brosse les dents de Mme Belle,
de haut en bas (pour les dents du haut) et de bas en haut
(pour les dents du bas).

Bon au goût, mais ...

Certains aliments sont bons au goût, mais ils sont tellement sucrés qu'ils peuvent causer des caries à tes dents. Relie à la bouche en santé les bons aliments pour tes dents et fais un ✗ sur ceux qui peuvent causer la carie.

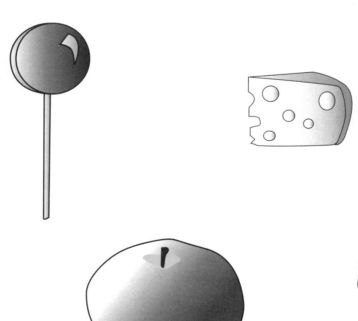

Le nom des dents

Les incisives sont les quatre dents du haut de devant et les quatre dents du bas de devant. Colorie-les en bleu. Les canines sont les dents *suivantes* et tu en as quatre. Colorie-les en vert. Les grosses dents de derrière sont les prémolaires et les molaires. Colorie-les en rouge.

Te rappelles-tu du nom des dents?

La propreté

Regarde les objets dont tu as besoin pour faire ta toilette.
Demande à un adulte de lire les mots et relie-les
à l'image correspondante.

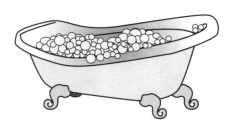

débarbouillette

brosse à dents

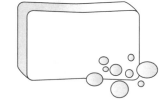

serviette

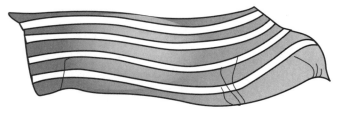

bain

savon

dentifrice

Le jeu de mémoire

Découpe les images et fais-toi un jeu de mémoire pour te rappeler les choses dont tu auras de besoin à l'heure de faire ta toilette.

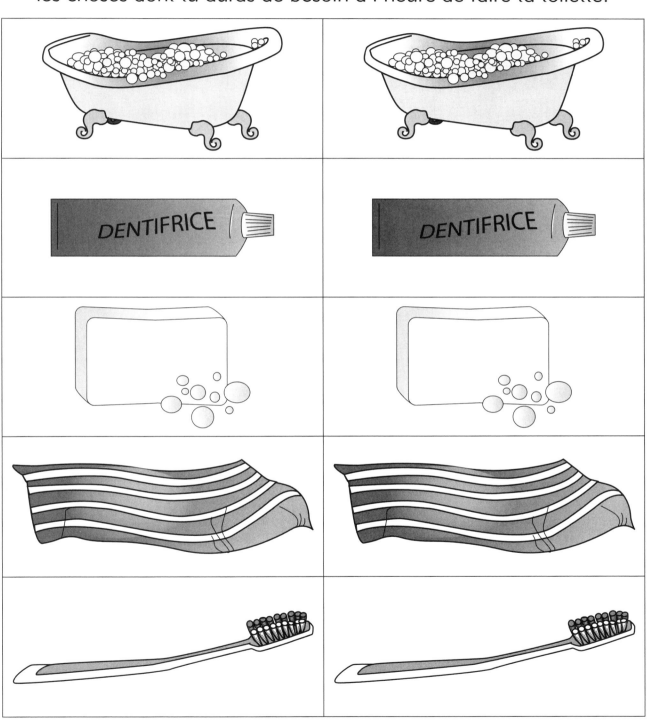

Les bulles

Pour bien faire mousser le savon, il faut le frotter vigoureusement entre ses mains. Compte le nombre de bulles qu'a fait le savon et trace-le en dessous.

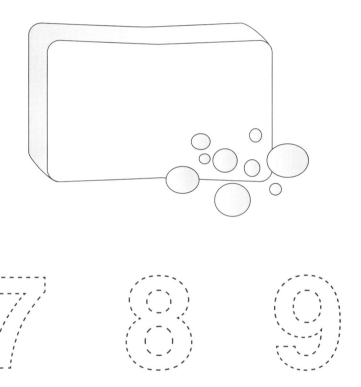

Les feux de circulation

Le feu vert t'indique que tu peux traverser la rue.
Le jaune te met en garde, car le feu est sur le point de passer
au rouge. Le feu rouge t'ordonne de t'arrêter. Découpe trois ronds
dans du carton : un vert que tu colleras en haut, un jaune
au milieu et un rouge en bas.

Les panneaux de signalisation

Certains panneaux te donnent des indications.
Peux-tu les reconnaître et les relier à la bonne explication ?

H

Arrête !

?

Hôpital

ARRÊT

Tourne à droite

Bureau d'information

En bateau

À bord d'un bateau, il faut porter un gilet de sauvetage.
Découpe des gilets de sauvetage pour tout le monde
et colle-les sur les gens.

La sécurité à vélo

Laurence et Félix s'amusent à vélo. Ils ont oublié
de mettre leur casque pour protéger leur tête en cas de chute.
Dessine-leur un casque, chacun de la couleur de ton choix.

La piscine

Le tour de la piscine devrait toujours être clôturé pour plus de sécurité. À l'aide de cure-dents, de pailles, de cure-oreilles ou autres petits bâtons, crée et colle une clôture autour de la piscine.

La prévention des incendies

Au feu, au feu, les pompiers sont au travail.
Les tuyaux doivent être pleins d'eau pour éteindre le feu.
Colorie le tuyau en bleu pour donner de l'eau au pompier.
Dessine aussi de l'eau qui sort du tuyau.

La sécurité et les incendies

Si tes vêtements sont en feu, couvre ton visage avec tes mains,
couche-toi par terre et roule sur toi-même jusqu'à
ce que le feu s'éteigne. Regarde Alice
et trace les mouvements qu'elle fait.

Alice

Les pompiers

Colorie le dessin en chantant une petite chanson.
(Sur le rythme de *Frère Jacques*)

Le pompier, le pompier

Combat l'feu, combat l'feu

Pour nous protéger, pour nous protéger

Du danger, du danger

Le feu

Dans le feu, il y a du rouge, du jaune et de l'orange.
Essaie de colorier le feu en n'utilisant que le jaune et le rouge.

En mélangeant
du jaune et du rouge,
on obtient de l'orange.
Le savais-tu ?

L'appel à l'aide

Si le feu est pris dans ta maison, sors dehors et rends-toi au point de rencontre désigné par tes parents. Par contre, si tu as besoin d'appeler les policiers ou l'ambulance, compose le 9-1-1. Appuie sur le 9, 1, 1 et colorie ces nombres.

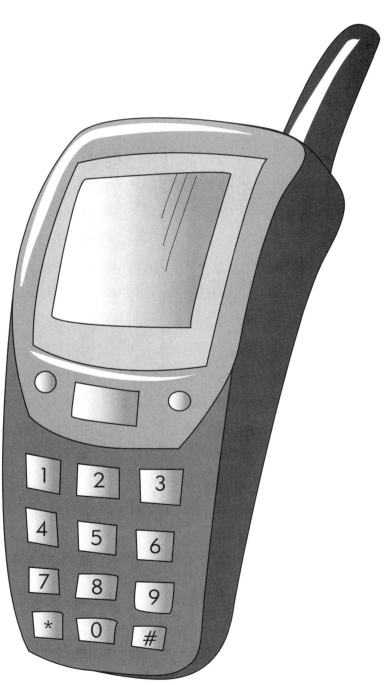

Les véhicules

Voici trois véhicules d'urgence qui ont des gyrophares et des sirènes.
Trace les lignes qui partent des véhicules pour savoir
à qui ils appartiennent.

Les émotions

Mot aux parents

Depuis qu'il est petit, votre enfant vit une gamme d'émotions très variée. Il pleure lorsqu'il a mal ou qu'il a de la peine, il crie, rage, tape ou mord lorsqu'il est en colère et saute, crie et rit lorsqu'il est joyeux. Vous savez très bien décoder les émotions vécues à différents moments par votre petit, en observant son langage non verbal. Par contre, le jeune enfant ne sait pas encore très bien mettre des mots sur ce qu'il ressent en dedans. C'est normal, car c'est un concept abstrait. Par des jeux de rôles, des théâtres de marionnettes ou tout simplement en jouant avec lui avec ses figurines, vous l'aiderez à mettre des mots sur ses sentiments et, par le fait même, vous l'aiderez à mieux gérer ses émotions. Ce n'est pas une tâche facile, c'est même le travail de toute une vie. Ne vous découragez pas si votre enfant démontre encore des comportements dérangeants comme mordre, crier ou taper. Avec des mots, il pourra mieux exprimer ce qui le bouleverse. Les jeux sont un excellent moyen de se défouler, et ce, sans brimer qui que ce soit.

La colère

Qu'est ce qui te met en colère?
Imagine que tu te fâches et dessine ce que tu fais pour sortir ta colère.

Joyeux, triste

À l'aide des visages tristes et joyeux de la page suivante
(que tu auras découpés), joue au tic-tac-toe
avec la personne de ton choix.

*Si tu gagnes,
comment te sens-tu?
Et si tu perds, comment
te sens-tu?*

263

La tristesse

Antoine pleure, car il est tombé et il a mal.
Que pourrais-tu faire pour le consoler? Qu'est ce qui t'aide
à calmer ta peine? Dessine ce qui pourrait le rendre heureux.

Le sandwich des émotions

Tu peux créer un sandwich qui a une émotion.
Tu n'as qu'à suivre la recette. Montre-moi ensuite à quoi
ton sandwich ressemble.

1. Prends deux tranches de pain coupées en rond sans les croûtes.

2. Garnis-les de moutarde ou de mayonnaise.

3. Ajoute des tranches de jambon, de fromage, d'œufs ou de tout autre chose.

4. Referme ton sandwich et décore-le. Pour les yeux et le nez, tu peux prendre des raisins, des olives ou des tranches de cornichons. Pour la bouche triste ou joyeuse, tu peux utiliser des languettes de poivron ou de carotte. Une rondelle de carotte fera une jolie bouche surprise.

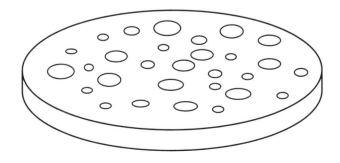

Bingo des émotions

Demande à ton parent de nommer une émotion.
Trouve-la sur la grille et pose un jeton dessus. Tu dois faire
une ligne complète pour obtenir un bingo.

B	I	N	G	O

Les marionnettes

La marionnette n'est pas terminée.
Il ne reste qu'à lui tracer un visage. Écris un nom
sur son costume et dessine un visage approprié.

Miroir, miroir

Regarde les visages suivants et essaie de les imiter dans ton miroir.

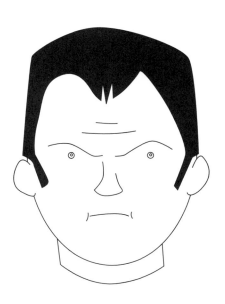

Le bonheur

Dessine ce que tu fais avec papa et maman et qui te comble de joie.

Brico

À l'Halloween, nous décorons tous des citrouilles.
Amuse-toi, avec les parties du corps de la page suivante,
à décorer le personnage et choisis une émotion qu'il pourrait vivre.

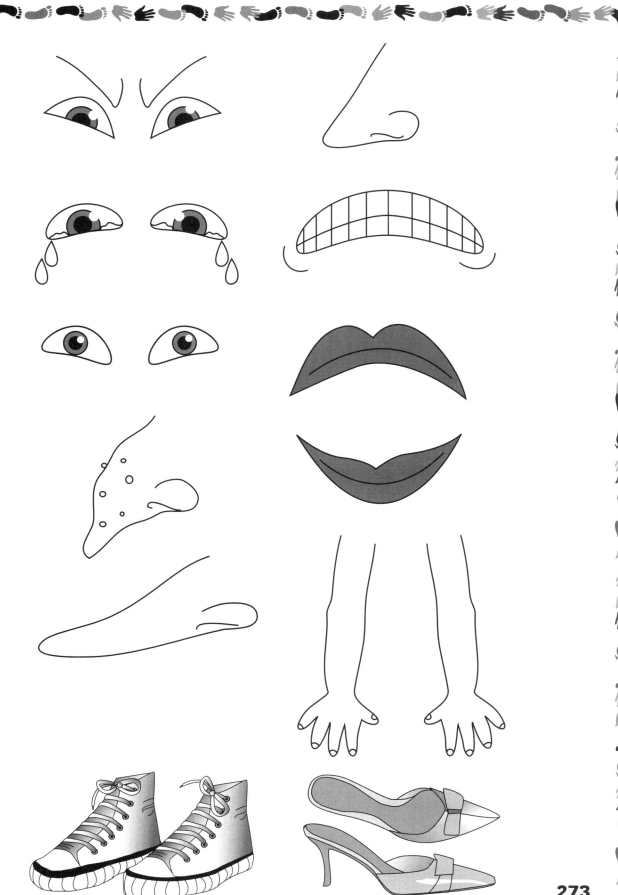

Les saisons

L'automne

Mot aux parents

La notion de temps évolue graduellement chez l'enfant. Lorsqu'il n'a que quelques jours, voire que quelques semaines, et que sa mère s'éloigne un instant, il se met à pleurer, car, pour lui, cette attente semble interminable. Puis, il comprend la notion de permanence et il se sent moins désemparé lorsque sa mère s'éloigne. Ensuite, il comprend le sens de la phrase «Attends une minute» et de fil en aiguille, il acquiert la notion du présent, du passé et du futur.

Dans ce chapitre, nous aborderons les saisons. Nous vivons dans un pays qui a la chance de voir défiler quatre saisons différentes. Pour chacune d'elle, les vêtements changent, nos activités aussi ainsi que celles des animaux, et les périodes d'ensoleillement sont plus ou moins longues. C'est principalement ce que nous travaillerons par l'entremise de jeux, de comptines et de dessins.

Les vêtements

L'automne, il fait plus froid que l'été, mais moins que l'hiver.
Aide Alice à s'habiller convenablement en encerclant
ce qu'elle devrait porter en automne.

L'artiste en toi

Trouve une branche ou une pomme de pin (cocotte),
trempe-la dans de la peinture et crée une œuvre d'art d'automne.

Si tu n'as pas de peinture, tu peux utiliser du colorant alimentaire ou de la gelée en poudre colorée (de type Jello) avec un peu d'eau.

On fait des provisions

L'automne, les feuilles commencent à tomber des arbres.
L'ours mange pour engraisser en prévision de son long sommeil
d'hiver. Découpe la scène suivante et essaie de reconstituer
le casse-tête.

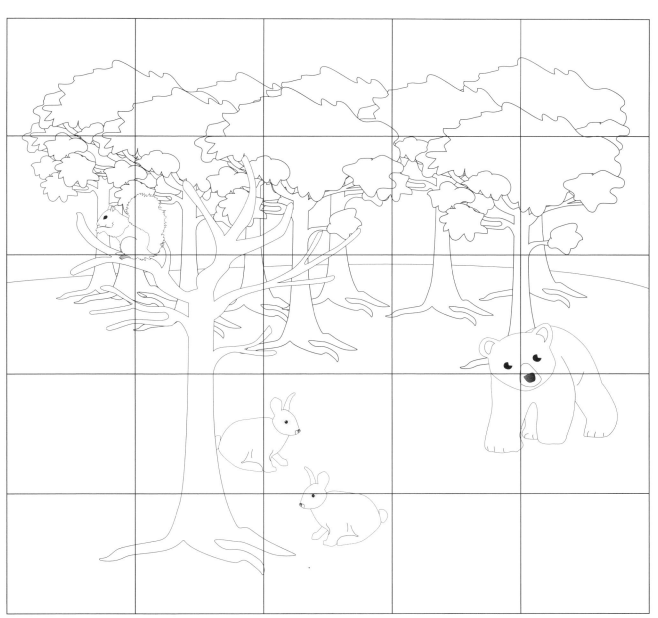

Les feuilles

L'automne, quelle joie de faire un tas de feuilles mortes
et de sauter dedans. Prends quelques feuilles mortes
et colle-les sur la page.

Les pommes

L'automne, c'est le temps où l'on peut aller dans les vergers cueillir des pommes. Découpe dans un cahier publicitaire ou dans du papier construction des pommes et colles-en plus dans le panier que dans l'arbre.

Il fait noir, noir, noir

L'automne, le soleil se lève tard et se couche tôt.
Relie les ombres aux bons objets.

L'épouvantail

Découpe des rectangles et un carré dans du papier
et colle-les sur l'épouvantail pour l'habiller.

L'écureuil

L'écureuil fait des provisions de noisettes, de glands
et de pommes de pin (cocottes) qu'il cache dans un trou pour l'hiver.
Dessine cinq noisettes par terre et une dans ses pattes.

Le maïs

Au début de l'automne, le fermier récolte du maïs
et le fait sécher pour ses animaux, en prévision de l'hiver.
Prend des paillettes, des jetons de bingo, des grains de maïs,
des boulettes de papier de soie ou ce que tu as pour bricoler
et colle-les sur l'épi de maïs pour représenter les grains.

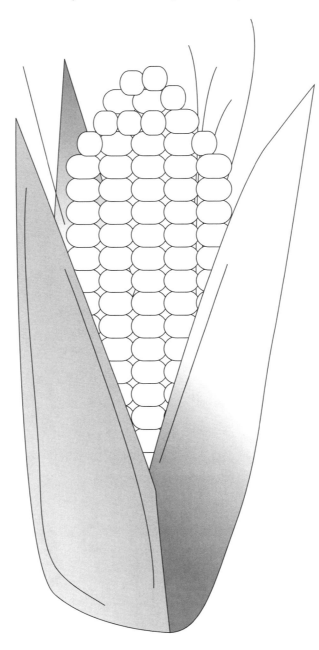

Les feuilles

Colorie cet arbre selon les indications.

1 = brun   2 = jaune
3 = rouge   4 = orange

Une comptine

Replace dans l'ordre les images suivantes en inscrivant
les nombres 1 à 4 sous chacune. Écoute la comptine, elle t'aidera.

Au printemps, petites feuilles,
En été, grandes feuilles,
En automne, plein de feuilles,
Et en hiver, plus de feuilles.

L'Halloween

Le 31 octobre, c'est le soir de l'Halloween.
Les enfants se costument et vont sonner de porte en porte
afin de ramasser des bonbons. Découpe un costume
pour Benjamin et habille-le.

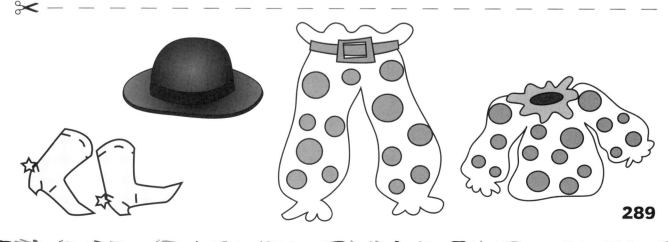

Les fantômes

Ce soir, les fantômes jumeaux sont invités au bal.
Dessine les fantômes qui manquent afin de compléter les paires
de jumeaux identiques.

Les saisons

L'hiver

Les vêtements

Dans notre pays, il fait froid l'hiver. Il faut bien se vêtir pour aller jouer dehors. À l'aide d'un trait, relie les vêtements chauds à Alice afin de l'habiller convenablement.

Le bonhomme de neige

Colle de la ouate sur le bonhomme de neige pour imiter la neige.

Les activités hivernales

Regarde les objets ci-dessous et biffe les intrus.

Le hockey

Les joueurs de l'équipe de hockey du Canadien portent des chandails rouges. Colorie leurs chandails.

Le hockey

Le gardien de but d'une équipe de hockey porte le même chandail que ses coéquipiers. Si les joueurs de gauche portent des chandails bleus et que les joueurs de droite portent des chandails noirs, de quelle couleur sera le chandail de chacun des gardiens de but?

Noël

L'hiver, il y a une grande fête que l'on appelle Noël.
Regarde les deux images de la famille de Camille
et encercle les différences que tu vois.

Savais-tu que Noël se fête toujours le 25 décembre ?

Une lettre au père Noël

Lorsque tu as été suffisamment sage durant toute l'année, tu peux écrire une lettre au père Noël pour lui envoyer ta liste de cadeaux. Découpe les images et les mots au bas de l'image pour compléter ta lettre.

Cher _____ ,

J'ai été _____ cette année. Je voudrais

te demander de m'apporter des surprises dans

mon _____ de Noël. Je vais te laisser

des biscuits et du _____ .

Merci

_____

Ton nom

(Note au parent : vous pouvez écrire son prénom et il le retracera.)

✂ -

299

Les cadeaux

Julien n'a plus de papier d'emballage pour envelopper le cadeau de son petit frère. Colle du beau papier sur le cadeau et ajoute un joli ruban.

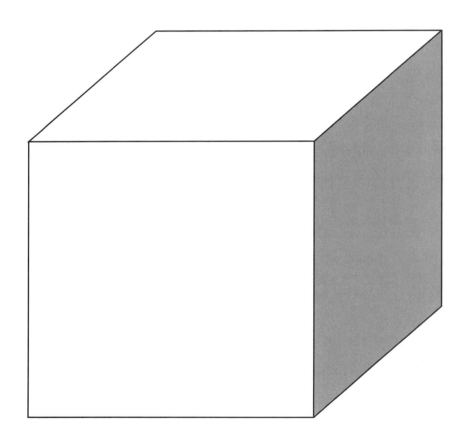

Le ski alpin

Découpe les photos de ski de Samuel et recolle-les dans l'ordre dans son album à la page suivante.

Je vais mettre des skis.

Je descends la pente.

Je suis fier de moi.

Mon papa m'a donné
du chocolat chaud.

Les flocons

L'hiver, ce n'est pas de la pluie qui tombe des nuages,
mais des flocons de neige. Dessine plusieurs flocons sous les nuages.

Brico

Découpe les flocons et suspends-les à un mobile
(deux bâtons de bois entrecroisés) ou colle-les dans ta fenêtre.

Les saisons
Le printemps

L'habillement

Le printemps est une saison plus chaude que l'hiver, mais plus froide que l'été. C'est le temps de ranger les habits de neige, mais ce n'est pas encore le temps de sortir les petits vêtements légers. Au magasin, Luc ne sait pas encore quoi acheter. Aide-le en encerclant les vêtements qu'il devrait acheter pour le printemps.

Les fleurs poussent

Au printemps, certaines fleurs commencent à pousser lorsque la neige fond.

Regarde les photos que François a prises et replace-les dans l'ordre de 1 jusqu'à 4.

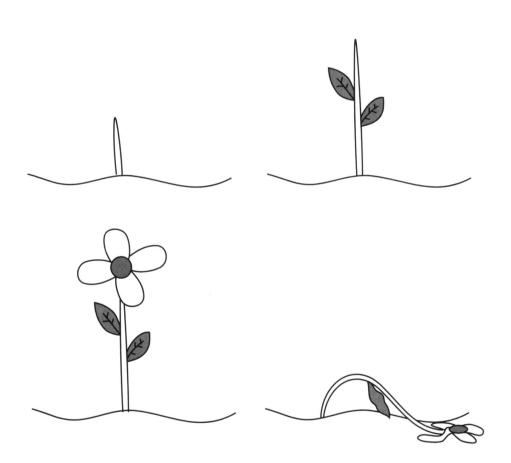

Les semences

Regarde les quatre pots de grosseurs différentes.
Nous y placerons des graines de fleurs de grosseurs différentes.
Associe par un trait chaque sachet au pot de la bonne grosseur.

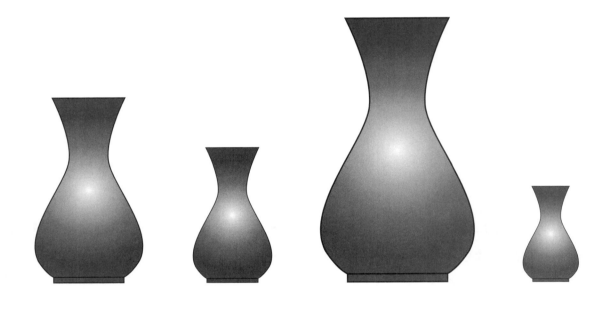

Les oisillons

Trace et colorie les œufs dans le nid.

Pousse, pousse le gazon

Trace des petites lignes tout autour de la maison pour montrer que la neige a fondu et que le gazon commence à pousser.

Au printemps, les brins de gazon sont jaunes et verts.

La marmotte

Au printemps, la marmotte sort de son trou où elle a passé
tout l'hiver. Si la marmotte voit son ombre et qu'elle a peur, l'hiver
se poursuivra pendant six semaines. Si elle ne voit pas son ombre,
on dit que le printemps arrive à grands pas. Aide la marmotte
à se rendre dans son trou.

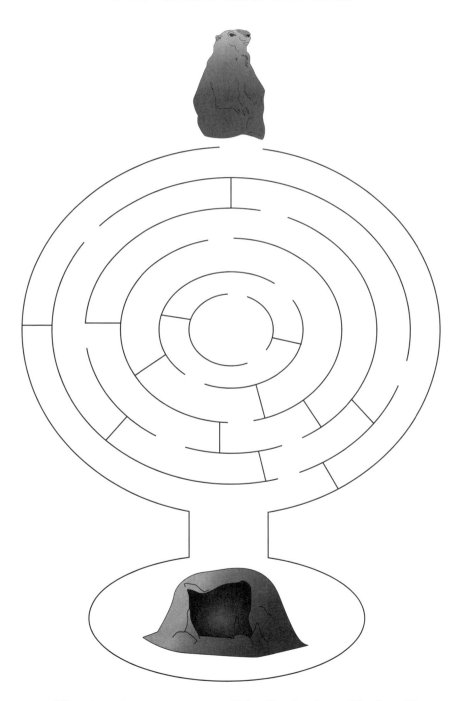

Le temps des sucres

Découpe les images de la page suivante et colle-les dans l'ordre.

1	2
3	4
5	6

Les animaux de la ferme

Sors ta loupe imaginaire. Regarde attentivement, les dessins ne sont pas identiques. Trouve les différences et surligne-les avec un crayon fluorescent ou de couleur vive.

Le coloriage

Colorie ce dessin avec les couleurs de ton choix.

Les saisons
L'été

La corde à linge

L'été, on peut mettre les vêtements sur la corde pour les faire sécher. Regarde la suite de vêtements et continue-la en dessinant les deux prochains morceaux de linge.

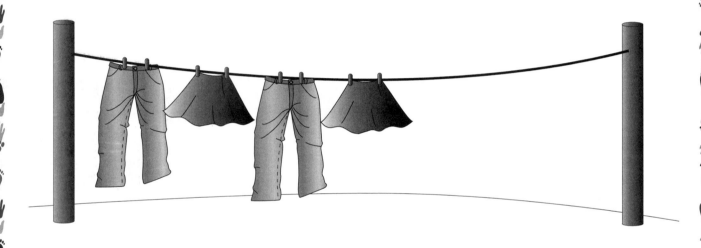

Les vêtements se suivent dans un ordre bien précis, observe-les bien avant de dessiner les deux prochains vêtements.

Le château de sable

Étends de la colle liquide sur le château et saupoudre
du sable sur la colle encore humide. Laisse sécher et regarde bien :
tu auras un beau château de sable.

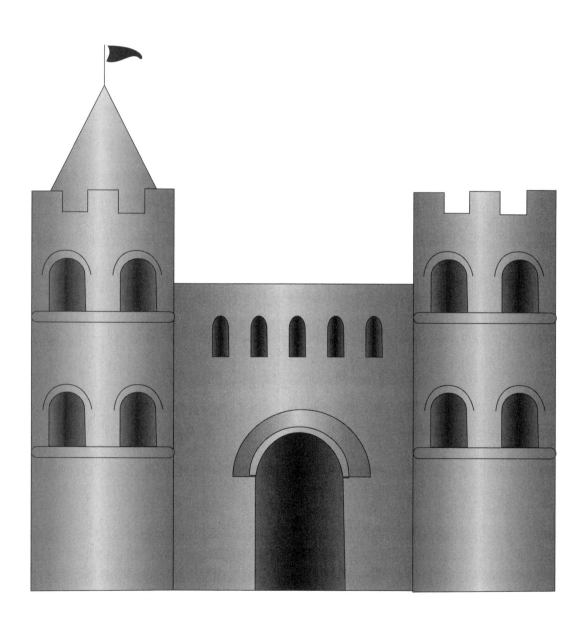

L'habillement

L'été, il fait chaud et nous portons des vêtements légers.
Aide Alice à s'habiller pour aller visiter sa tante.
Colorie les éléments que tu voudrais qu'elle porte.

Saute à l'eau

Dans l'image, cherche et trouve cinq objets
en forme de cercle et encercle-les.

Le jardin

Dans le potager, il y a des légumes.
Réponds aux questions en dessinant ta réponse.

Y a-t-il plus de tomates ou de poivrons ?

Y a-t-il moins de courgettes ou moins de radis ?

Combien manque-t-il de céleris pour en avoir autant que de carottes ?

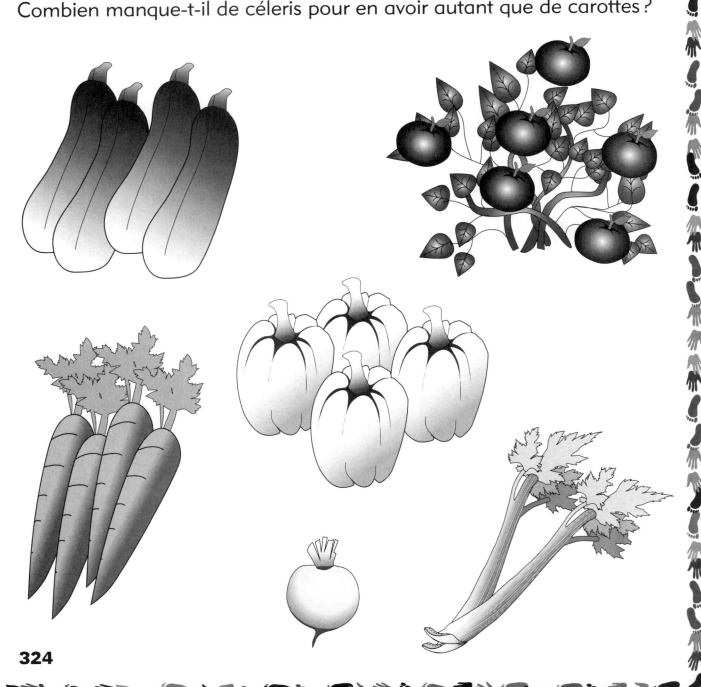

En dehors et sous la terre

Colorie en bleu trois gouttes pour arroser les légumes qui poussent sous terre et deux gouttes pour les légumes qui poussent en dehors de la terre.

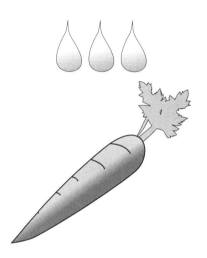

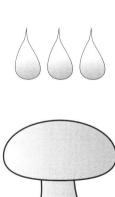

Les pique-niques

L'été, on fait des pique-niques au grand air.
Sur la nappe que tu vois, découpe (dans des cahiers publicitaires)
des images de ce que tu aimerais manger et colle-les.
Bon appétit !

Les coquillages colorés

Le fond de la mer regorge de coquillages aux couleurs extraordinaires.
Dessine des coquillages de toutes sortes de couleurs différentes.

*Attention !
Tu ne peux pas utiliser
deux fois la même
couleur.*

Le camping

Colorie les objets en forme de triangle en jaune et les cercles, en rouge.

La crème solaire

Benjamin fait un sport extérieur sous le soleil.
Applique de la crème solaire sur sa peau à l'aide d'un crayon
de couleur jaune. De cette façon, il n'aura pas de coup de soleil.

La lettre P

Encercle toutes les lettres *P* que tu vois.

été

soleil

plage

piscine

maillot

serviette

parc

pistache

La famille

Mot aux parents

Dans cette dernière section du livre, nous aborderons le thème de la famille. Nous avons choisi de le placer en dernier afin de fermer la boucle des apprentissages. En effet, nous investirons de nouveau les acquis antérieurs par l'entremise d'un sujet fondamental : la famille. Selon la pyramide de Maslow, pyramide qui place par ordre de priorité les besoins fondamentaux des individus, on voit clairement que la majorité des besoins exprimés sont comblés par la famille. Qu'elle soit monoparentale, reconstituée, avec des parents du même sexe ou des parents adoptifs, elle constitue le point de départ du développement de l'enfant.

PYRAMIDE DES BESOINS

Accomplissement personnel

Estime de soi

Estime des autres

Amour, appartenance

Sécurité

Physiologique

} Milieu familial

Nous partirons de la famille proche (père, mère, sœurs et frères) pour ensuite explorer les différents liens familiaux tels que les grands-parents, les oncles et tantes et les cousins et cousines. Pour les besoins du livre, nous utiliserons les termes d'une famille traditionnelle, mais vous pouvez facilement adapter les mots selon votre situation. Par exemple, vous pouvez dire « beau-père » si l'enfant n'a pas de père. Puis, lorsque l'on demandera des lettres de prénom ou un nombre pour l'âge, écrivez d'abord la ou les lettres, puis demandez à votre enfant d'écrire par-dessus.

Amusez-vous bien avec votre petit ange, c'est le plus beau cadeau que la vie vous a donné.

Moi au début

Au tout début de ta vie, tu étais un petit bébé
tout juste sorti du ventre de ta mère. À l'aide d'un adulte,
complète le dessin en reliant les points des lettres de l'alphabet.

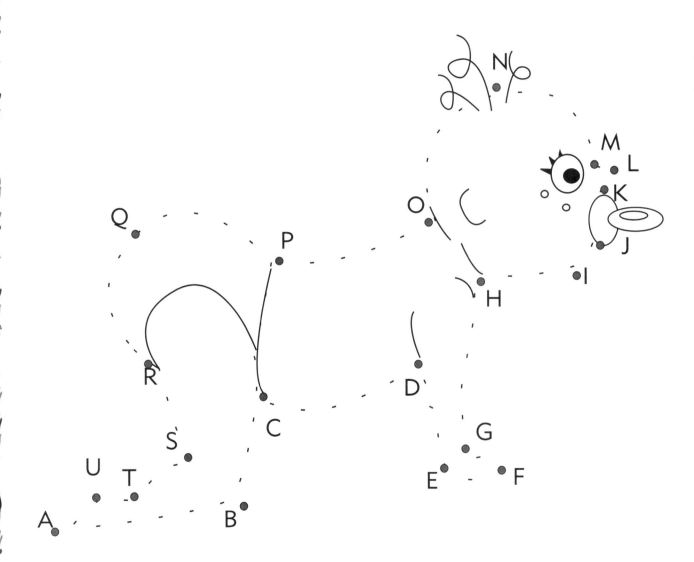

Moi maintenant

Je me présente, je m'appelle _____

J'ai _____ ans.

Je suis :

Me voici (dessine-toi ou colle ta photo).

Mon papa

Connais-tu bien ton papa ?

Que fait ton papa comme travail ?

Quel est le prénom de ton papa ?

Quel âge a ton papa ?

Colle une photo de ton père et écris « papa » en dessous
sur les pointillés.

Ma maman

Par quelle lettre commence le prénom de ta maman ?

Colorie le cercle de la même couleur
que les cheveux de ta maman.

Quel petit mot d'amour ta maman choisit-elle pour t'appeler ?

Colle la photo de ta maman et écris «maman» sur les pointillés.

Mes frères et mes sœurs

J'ai _____ frère(s) et _____ sœur(s).

0

1

2

3

4 et plus

Nomme-les et dessine-les par ordre de grandeur
du plus petit au plus grand. Si tu n'en as pas, dessine-toi.

À la soupe!

Découpe et colle autant de bols de soupe
qu'il y a de membres dans ta famille.

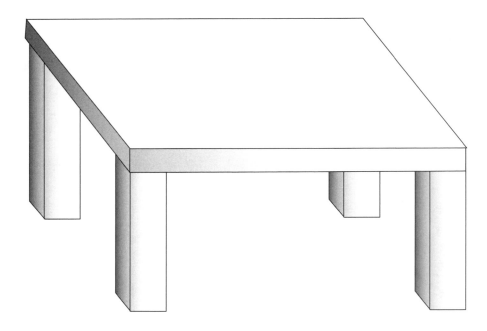

Ma maison

Voici l'endroit où j'habite.

Dessine ta maison et tes animaux de compagnie si tu en as.

Grand-maman

Les grands-mamans tricotent parfois des chandails,
des foulards, des mitaines ou des pantoufles.
Ta grand-mère tricote-t-elle?

Colorie la laine et le foulard en bleu, la robe de grand-mère
en jaune et ses cheveux en gris et blanc.

Grand-papa

Grand-papa collectionne les timbres.
Compte combien de timbres sont sur le livre
et trace ta réponse par-dessus le bon nombre.

7 8 9

Ton arbre généalogique

À l'aide d'un adulte, crée ton arbre généalogique.

✂ -

Grand-maman	Maman	Sœurs
Grand-papa	Grand-maman	Grand-papa
Frères	Papa	Moi

Tes oncles et tes tantes

Ton père et ta mère ont peut-être des frères et des sœurs.
Ce sont tes oncles et tes tantes. Écris la première lettre
du prénom de quelques-unes de tes tantes
et de quelques-uns de tes oncles.

Oncle

Tante

Tes cousins et tes cousines

Les enfants de tes oncles et tes tantes sont tes cousins et tes cousines.
Dessine l'autre moitié de ta cousine et l'autre moitié de ton cousin.

344

La famille et l'amour

Pense aux membres de ta famille que tu aimes.
Pour chacun d'eux, colorie un cœur.
S'il n'y en a pas assez, rajoutes-en.

La réunion familiale

À Noël, toute la famille se réunit. Je te présente
les membres de la famille des jumelles Roch. Afin de les reconnaître,
colorie les membres de la famille selon la couleur indiquée.

L'oncle François qui aime chanter (en bleu).
Tante Sandra qui cuisine à merveille (en jaune).
L'oncle Jean le constructeur (en vert).
Papa Sébastien qui tient Timothy dans ses bras (en rouge).
Et maman Véronique qui fait du jogging (en brun).

Une chanson

Fais un ✗ sur les personnes dont il est question dans la chanson.

J'aime papa
J'aime maman
J'aime mon p'tit frère, ma p'tite sœur, ma copine
J'aime maman
J'aime papa
J'aime ma p'tite sœur
Et mon gros éléphant

C'est fini !

Tu as maintenant terminé ton cahier d'exercices. Félicitations !

Ce diplôme est remis à _____

(écris ton nom)

qui a terminé avec succès Tout mon préscolaire _____

en ce ___ du mois de _____ de l'an_____.

Bravo !

Test final

1. Encercle les animaux qui regardent la pieuvre.

2. Colorie les animaux qui contiennent le son « a ».

3. Fais un ✗ sur la lettre qui est différente de la première lettre.

d	d	p	d	d
q	d	q	q	q
F	F	F	F	E
a	q	a	a	a
b	d	b	b	b

349

4. Encercle les mots qui riment avec « fini ».

5. Prononce les mots suivants. Tape dans tes mains pour séparer les syllabes. Colorie autant de notes qu'il y de syllabes.

    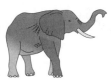

6. Relie les contraires.

Fâché

A chaud.

Ont froid.

Debout

Couché

Content

7. Replace les illustrations dans l'ordre chronologique en inscrivant le numéro correspondant de 1 à 3 sous chaque illustration.

_____   _____   _____

8. Relie dans l'ordre alphabétique les lettres.

E		X		M		S		I		K

E   X   M   S   I   K

             T

Y   F   N   U   H   J

9. Relie les lettres pareilles par un trait.

A   F   Q   S   B

S   B   A   F   Q

10. Écris la lettre manquante sur chacune des lignes.

A   B   ___   D   E

F   ___   H   I   J

K   L   ___   N   O

P   ___   R   S   T

U   V   W   ___   Y   Z

11. Les chiens de prairie ont caché des lettres dans la prairie. Encercle les lettres **W, X, Y, et Z.**

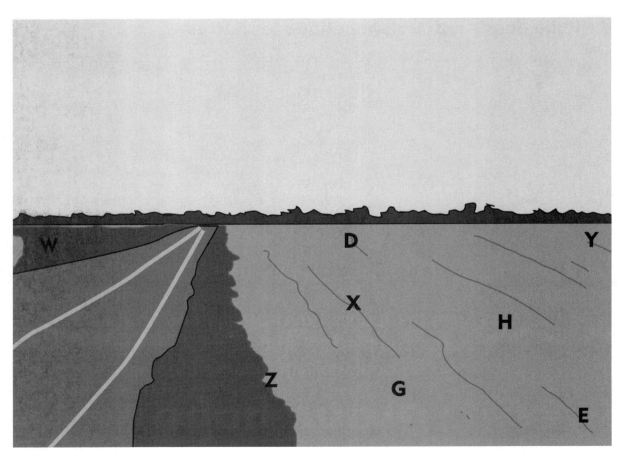

12. Colorie en bleu les images où tu peux dire « une » et en vert les images où tu peux dire « un ».

13. Relie les mots aux animaux à l'aide d'un trait.

lion

kangourou

chat

chien

vache

cheval

souris

mouton

14. Relie par un trait les images dont le nom rime.

15. Encercle les vaches qui sont couchées.

16. Trace le contour du papillon en bleu et colorie l'intérieur en rouge, jaune et vert.

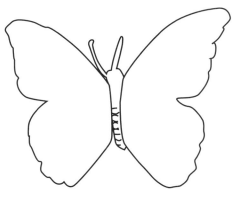

17. Colorie l'aigle avec les couleurs de ton choix.

18. Suis les pointillés pour compléter la forme.

19. Colorie et dessine selon les instructions.

1 = brun   2 = gris   3 = vert   4 = bleu

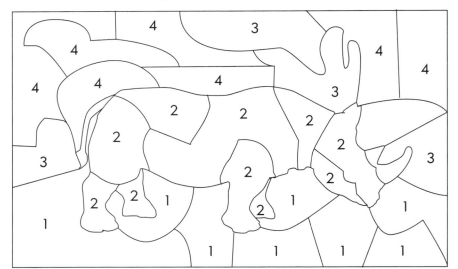

20. Colorie autant de cercles qu'il y de points sur le dos des coccinelles.

21. Encercle les bouteilles pleines.

22. Colorie les triangles seulement.

23. Colorie les cercles seulement.

24. Colorie les carrés seulement.

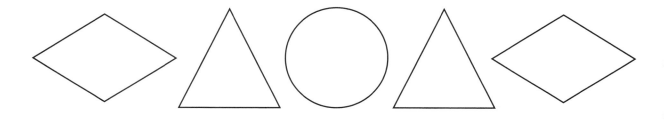

25. Colorie les losanges seulement.

26. Colorie 3 fruits.

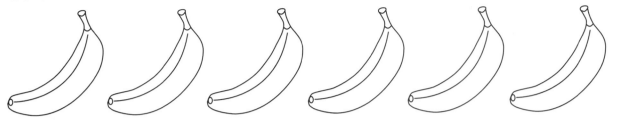

27. Colorie 4 fruits.

28. Colorie 1 fruit.

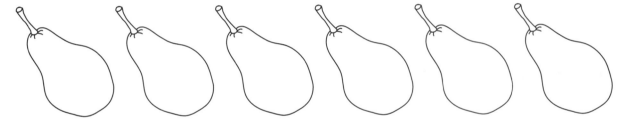

29. Colorie 5 fruits.

30. Colorie 6 fruits.

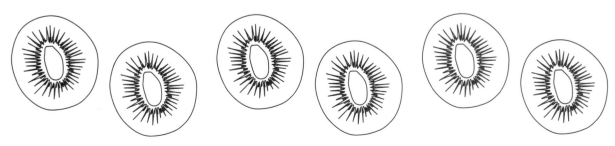

31. Encercle l'objet le plus court sur chaque ligne.

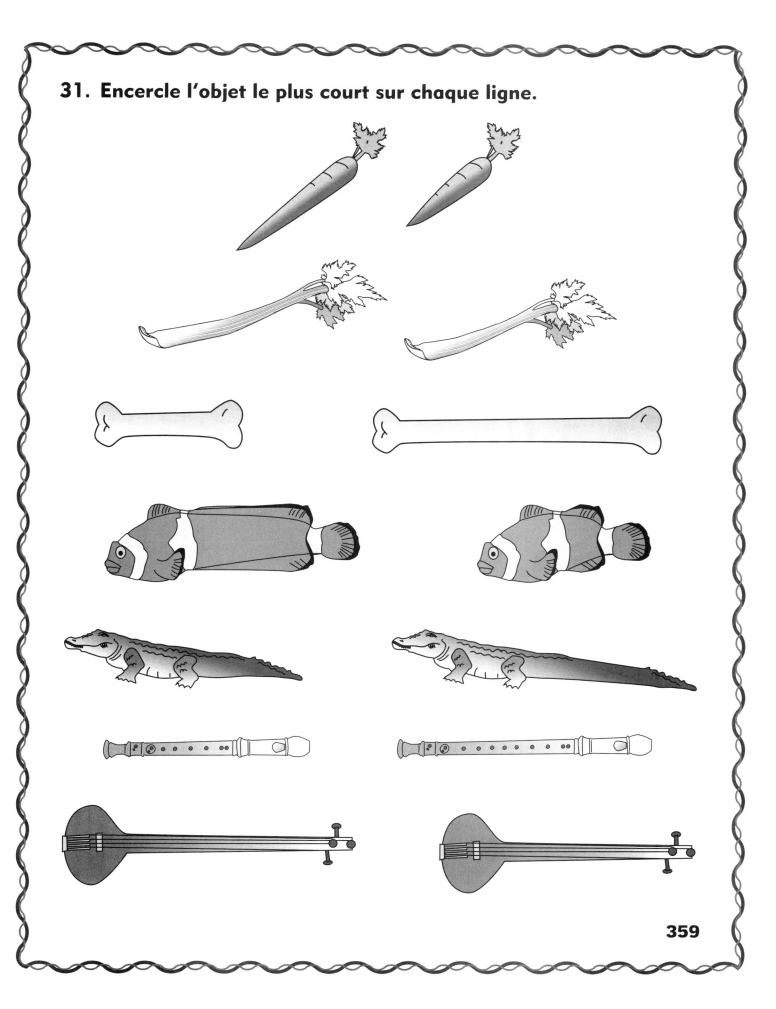

32. Complète les suites.

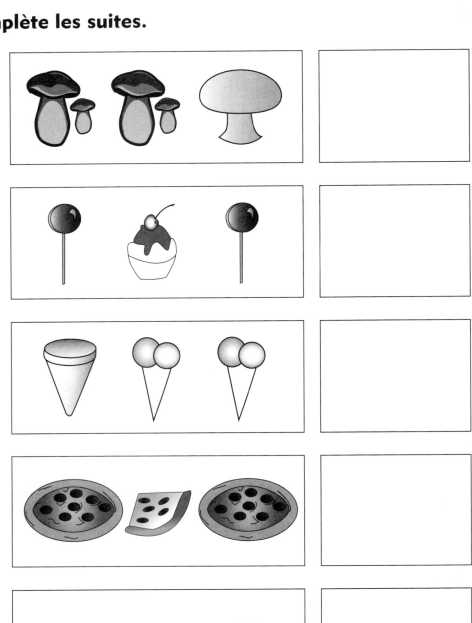

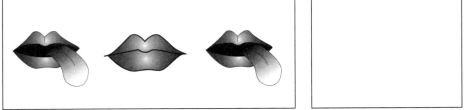

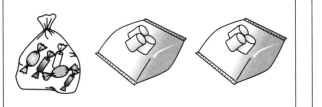

33. Suis le chemin de 1 à 6.

Départ   1   5   6   9

2   3   7   8

10   4   8   7

2   5   6   0

arrivée

34. Pour chaque ligne, fais un ✗ sur l'intrus.

361

35. Relie les objets qui forment une paire.

36. Imagine qu'on a pris une photo de toi. De quoi as-tu l'air ? Dessine-toi.

37. Dessine, dans la boîte, un cadeau qui te ferait une belle surprise pour ta fête.

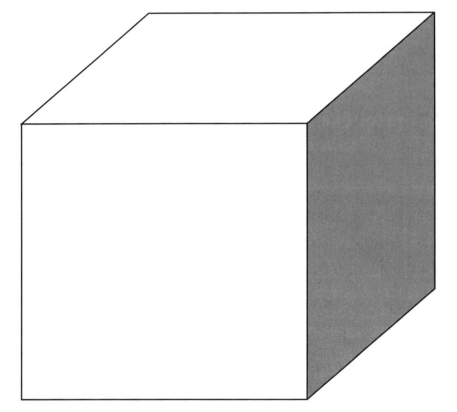

38. Le printemps est un moment idéal pour observer les oiseaux. Colorie chaque rondelle de céréale que tu vois sur le dessin pour t'aider à les compter. Puis, prends de vraies céréales (en rondelles), enfile-les sur une ficelle et dépose ton collier sur la branche d'un arbre pour attirer les oiseaux.

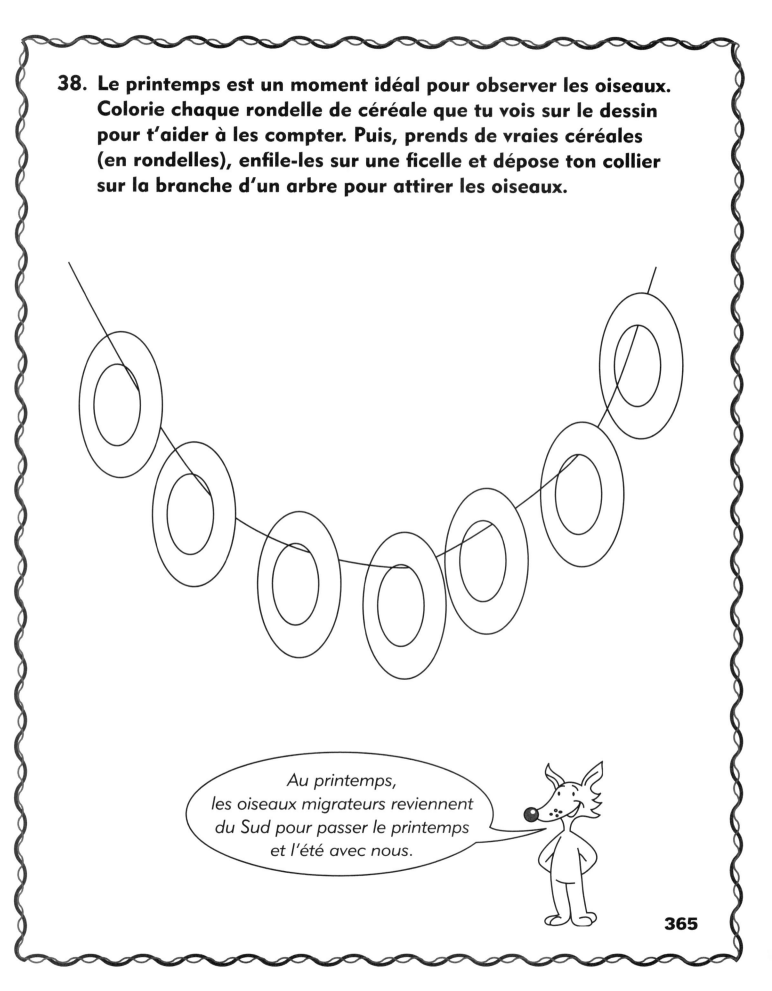

Au printemps, les oiseaux migrateurs reviennent du Sud pour passer le printemps et l'été avec nous.

38. Pour protéger tes yeux des rayons du soleil, tu peux mettre des lunettes de soleil. Colorie les lunettes en brun et colle sur les verres une pellicule de plastique transparente (de type pour emballer les aliments). Tu as fabriqué une jolie paire de lunettes!

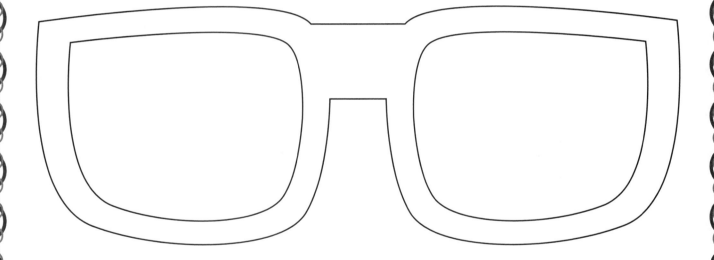

40. Encercle les aliments qui sont bons pour la santé.

41. Lorsque tu as une carie, le dentiste va l'enlever et remplir la cavité d'un plombage. Prends du papier d'aluminium et colle des petits plombages sur les caries.

Le corrigé

page 9 – Les directions

page 10 – Faire des prévisions

page 11 – La reconnaissance visuelle

Choix possibles :
- Canard dans le bain
- Tuiles par terre
- Savon par terre
- Fenêtre
- Jeune garçon

page 12 – La lettre M

page 13 – La reconnaissance des lettres

A   A   Ⓑ   A

B   B   B   Ⓓ

Ⓧ   C   C   C

D   Ⓑ   D   D

E   E   Ⓕ   E

page 16 – Reconnaître la lettre A

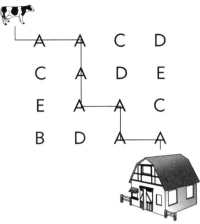

A   A   C   D

C   A   D   E

E   A   A   C

B   D   A   A

page 17 – Écrire une lettre

Chers amis,

Je vous invite à prendre la collation dans ma

Nous allons manger de la  et du .

J'ai hâte de vous .

De moi

page 18 – Les rimes

page 19 – Les syllabes

page 20 – La compréhension d'un texte

page 21 – Les indices

page 28 – Les lettres pareilles

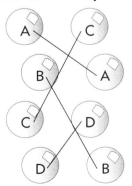

A — A

C — C

B — B

D — D

369

page 29 – Les lettres pareilles

page 30 – Les contraires

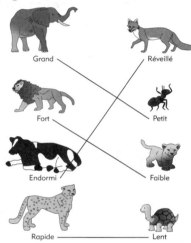

page 33 – La reconnaissance visuelle

Short d'un joueur
Numéro 9
Chapeau de la femme
Clôture

page 37 – L'ordre chronologique

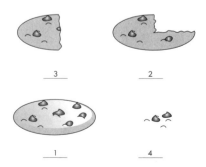

page 38 – L'alphabet

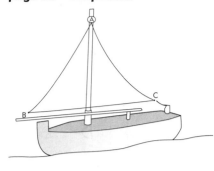

page 39 – La lettre *R*

page 40 – Faire des prévisions

page 41 – Les rimes

page 43 – Les syllabes

page 50 – Les lettres pareilles

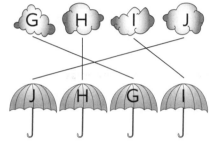

page 51 – Les lettres pareilles

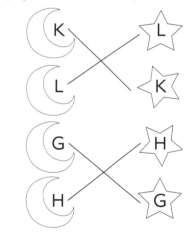

page 54 – Les indices

page 55 – La reconnaissance de lettres

E F F F

G C G G

H H M H

I I I L

J E J J

page 56 – La compréhension d'un texte

page 58 – Écris une lettre

Chers ,

Je suis d'être avec vous.

J'aime lorsqu'on ensemble.

Je vous donne un gros .

Votre enfant

page 59 – Les contraires

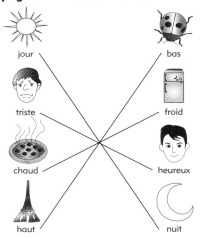

jour

triste

chaud

haut

bas

froid

heureux

nuit

page 60 – L'alphabet

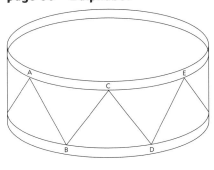

page 62 – L'ordre chronologique

1

3

4

2

page 63 – La discrimination visuelle

page 64 – Les directions

page 72 – Les lettres pareilles

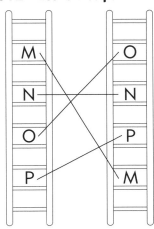

M   O

N   N

O   P

P   M

page 73 – Les lettres pareilles

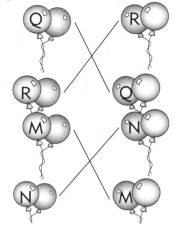

page 76 – L'alphabet

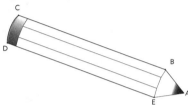

page 78 – Suivre des instructions

page 80 – Les rimes

J'ai trouvé dans un **trou**
Un tas de petits — cailloux
— insectes

J'ai essuyé la **terre**
Pour les offrir à ma — sœur
— mère

Ma mère est **enrhumée**
C'est pour cela qu'elle est — couchée
— contente

Mon chien a agité sa **queue**
Elle a ri et elle va — partir
— mieux

page 81 – L'ordre

Colorie la première lettre en bleu.
toupie

Colorie l'avant-dernière lettre en vert.
girafe

Colorie la troisième lettre en rouge.
lapin

Colorie la dernière lettre en jaune.
ballon

Colorie la deuxième lettre en brun.
hibou

page 82 – Un ou une ?

rose   bleu

page 83 – Une comptine

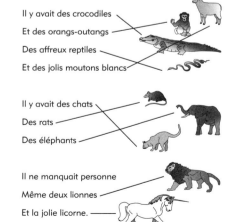

Il y avait des crocodiles
Et des orangs-outangs
Des affreux reptiles
Et des jolis moutons blancs

Il y avait des chats
Des rats
Des éléphants

Il ne manquait personne
Même deux lionnes
Et la jolie licorne.

page 92 – Les lettres pareilles

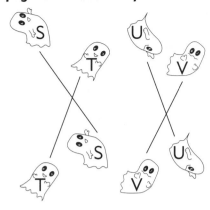

page 93 – Les lettres pareilles

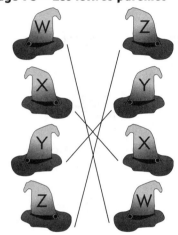

page 96 – La reconnaissance des lettres

page 97 – La discrimination visuelle

Sirène   Sandales   Sable
Sac à dos   Soleil

372

page 99 – La discrimination visuelle

8 étoiles

page 100 – Les rimes

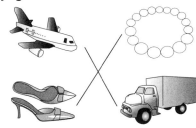

page 103 – Le son des lettres

page 120 – Les formes

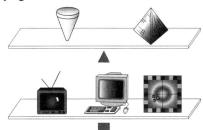

page 121 – Trier et sélectionner

page 122 – Dénombrer

page 125 – La notion de position

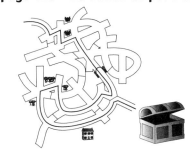

page 126 – Associer les formes

page 128 – Compter

3 poissons non coloriés

page 129 – L'association

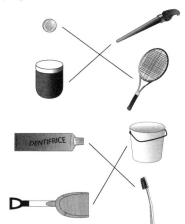

page 130 – Comparer des longueurs

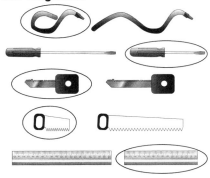

page 132 – Comparer des grosseurs

373

page 133 – Point à point

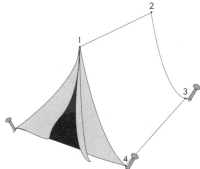

page 135 – La notion de similitude

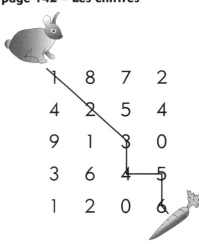

page 142 – Les chiffres

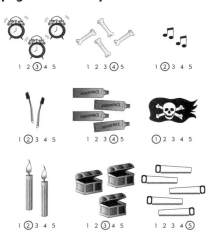

page 144 – Les chiffres

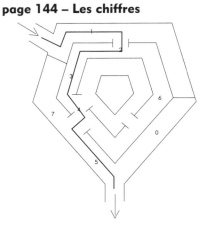

page 145 – Raisonner

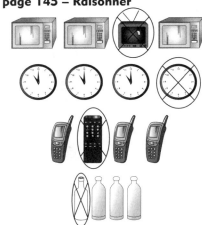

page 149 – Compter

1 2 ③ 4 5   1 2 3 ④ 5   1 ② 3 4 5

1 ② 3 4 5   1 2 3 ④ 5   ① 2 3 4 5

1 ② 3 4 5   1 2 ③ 4 5   1 2 3 4 ⑤

page 150 – L'observation

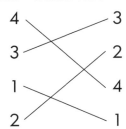

4   3
3   2
1   4
2   1

page 152 – Le nombre 3

6

2   4

2   **3** ——— 3

3   8

3

page 153 – Plus, moins ou égal

Y a-t-il plus de 🚗 ou de 🚜 ? 🚗
Y a-t-il moins de 🚁 ou de 🚌 ? 🚌
Y a-t-il plus de 🚌 ou de 🚜 ? =
Y a-t-il moins de 🚗 ou de 🚁 ? 🚁

page 154 – Les formes

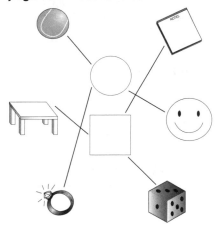

374

page 155 – Les formes

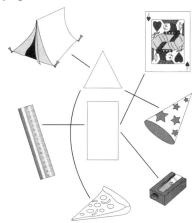

page 157 – La motricité fine

1   2   3   ④   5   6

page 158 – Le nombre 2

page 164 – Trier et sélectionner

page 166 – Comptons les moutons

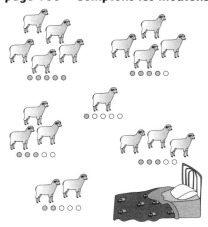

page 168 – L'ordre

page 171 – L'arrivée

page 173 – L'association de formes

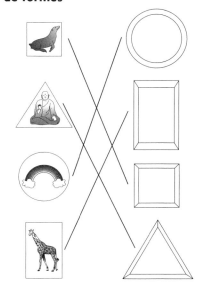

page 175 – L'association d'objets

page 178 – Point à point

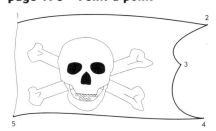

375

page 182 – Les suites

Corde à linges 1

Corde à linges 2

Corde à linges 3

page 184 – Sur le chemin de 5 à 9

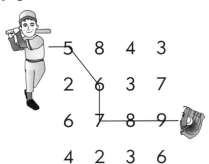

```
5   8   4   3
2   6   3   7
6   7   8   9
4   2   3   6
```

page 185 – Indices

page 187 – Raisonner

page 193 – Les nombres pareils

```
3       7
6       3
7       2
2       6
```

page 196 – Compter

4

page 201 – Logique

page 208 – La savane

page 214 – La maison des animaux

page 219 – Compter les pis

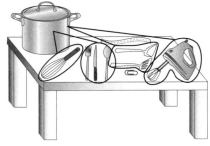

4

page 223 – Cuisinier, cuisinière

page 225 – Médecin

page 229 – Astronaute

TERRE

MARS

376

page 231 – Policier, policière

Singe sur la corde
Frigo derrière la tente
Carré sur la tente
Porte de la tente

page 234 – Les véhicules

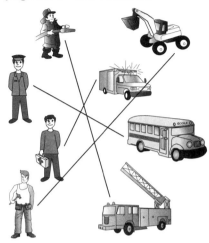

page 236 – Musicien, musicienne

bleu   jaune   vert

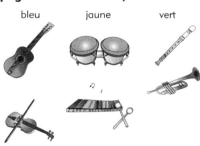

page 240 – Bon au goût mais...

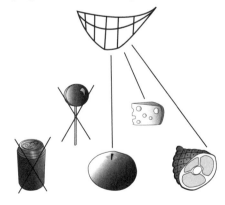

page 242 – La propreté

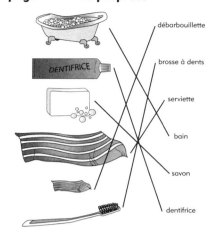

débarbouillette
brosse à dents
serviette
bain
savon
dentifrice

page 245 – Les bulles

9 bulles

page 247 – Panneaux de signalisation

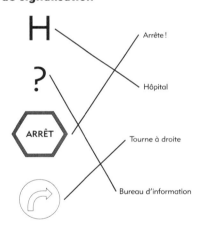

Arrête !
Hôpital
Tourne à droite
Bureau d'information

page 277 – Les vêtements

page 288 – Une comptine

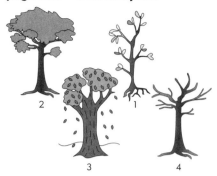

page 293 – Les vêtements

page 295 – Les activités hivernales

page 298 – Noël

Bas suspendus
Étoile du sapin
Père Noël
Cheveux de la mère
Hamburger

page 299 – Une lettre au père Noël

Cher _____,

J'ai été _____ cette année. Je voudrais te demander de m'apporter des surprises dans mon _____ de Noël. Je vais te laisser des biscuits et du _____.

Merci

pages 301-302-303 – Le ski alpin

Je vais mettre des skis.

Je descends la pente.

Je suis fier de moi.

Mon papa m'a donné du chocolat chaud.

page 308 – L'habillement

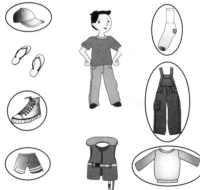

page 309 – Les fleurs poussent

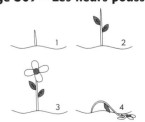

page 310 – Les semences

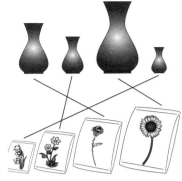

pages 314-315 – Le temps des sucres

page 317 – Les animaux de la ferme

Cheval Vache couchée
Lapins Pelle

page 320 – La corde à linge

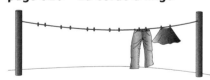

page 324 – Le jardin

Il y a plus de plan de _____ que de _____.

Il y a moins de _____ que de _____.

Il manque 2 _____ pour avoir autant de _____.

page 328 – Le camping

page 330 – La lettre P

été   soleil

(p)lage   (p)iscine

maillot   serviette

(p)arc   (p)istache

page 341 – Grand-papa

9 timbres

page 346 – La réunion familiale

bleu   jaune   vert

rouge   brun

page 347 – Une chanson

Page 349

1.

2.

3.

d	d	✗	d	d
q	d	✗	q	q
F	F	F	F	✗
a	✗	a	a	a
b	✗	b	b	b

Page 350

4.

5.

6.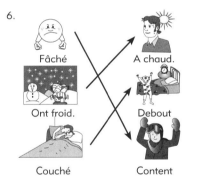

Page 351

7.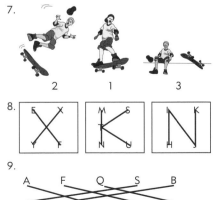

2   1   3

8.

E✗X   M✗S   N✗K
Y   F   K   N   K   H
        N   U

9.

A   F   Q   S   B
S   B   A   F   Q

Page 352

10.

A	B	**C**	D	E
F	**G**	H	I	J
K	**L**	**M**	N	O
P	**Q**	R	S	T
U	V	W	**X**	Y
				Z

11.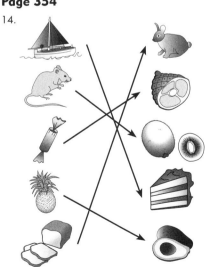

Page 353

12.

13.

lion
kangourou
chat
chien
vache
cheval
souris
mouton

Page 354

14.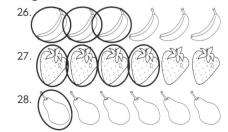

15.

Page 355

16.
— Bleu
— Rouge
— Jaune
— Vert

17. Réponses au choix.

18.

Page 356

20.   5   3   1
           4   2

21.

Page 357

22.

23.

24.

25.

Page 358

26.

27.

28.

379

29.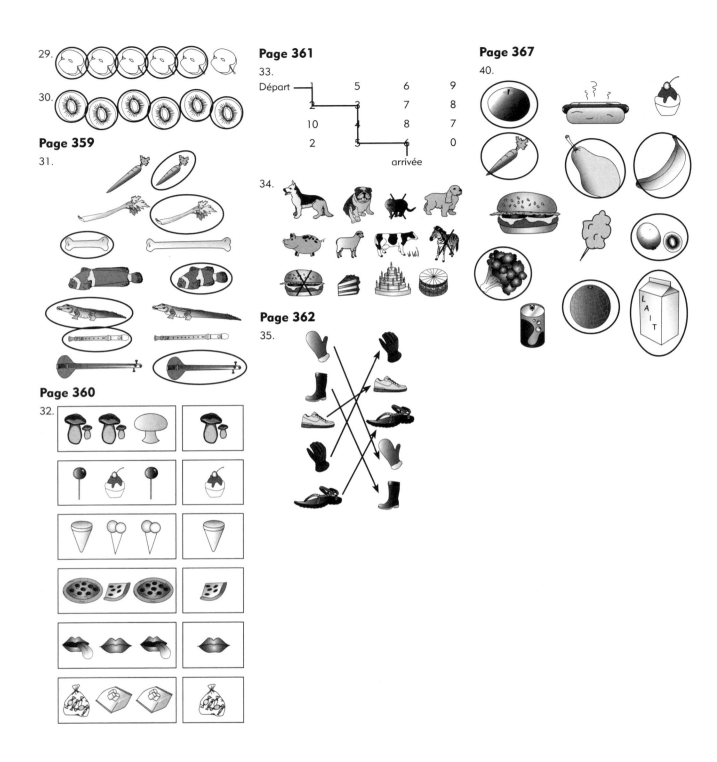

30.

Page 359

31.

Page 360

32.

Page 361

33.

Départ — 1   5   6   9
       2   3   7   8
   10   4   8   7
    2   5   6   0
          arrivée

34.

Page 362

35.

Page 367

40.

380